KB089520

초역
소크라테스의 말

이채윤 엮음

읽고
싶은 책

🖋 들어가는 말

세상을 살다보면 우리가 상식적으로 알고 있는 일이 정반대인 경우가 많다.

잘 알다시피 소크라테스는 세계 4대 성인 중 한 사람이며, 서양철학의 아버지이다. 그런데 그는 아테네 시민들에 의해 사형선고를 받고 사약을 먹고 죽었다.

소크라테스가 반역이라도 일으켰던 것일까?

소크라테스는 민주주의를 반대하다 죽었다. 민주주의의 발상지인 그리스에서? 그것도 아테네에서? 서양철학의 아버지가 민주주의를 반대하다 죽었다니!

당시 아테네는 직접민주제를 실시하고 있었는데 소크라테스는 직접민주제가 타락하면 중우정치(衆愚政治)가 될 수 있다며 부정적 입장을 보였다.

당대 아테네 상류층과 민중들에게 소크라테스의 가르침은 신을 부정하고 젊은이들을 현혹하여 아테네의 전통을 해친다고 여겨졌다. 그리하여 소크라테스는 위험인물로 찍히게 된다. 소크라테스의 기소 혐의는 아테네가 믿는 신을 우습게 보고, 새로운 우상을 섬기면서 젊은이를 타락시킨 죄였다. 소크라테스는 고발당하고 재판을 거쳐 그는 사형에 처해진다.

두 번째 상식적으로 이해되지 않는 일이 있다.

소크라테스는 평생 단 한 권의 책도 쓰지 않았다는 사실이다. 그런데 어떻게 소크라테스의 사상과 그 많은 말들이 전해져오고 있는 것일까?

플라톤이라는 훌륭한 제자를 둔 덕분이다. 플라톤은 28세 젊은 나이에 스승 소크라테스의 죽음을 목격하고 충격을 받았다. 그는 우매한 대중이 위대한 철학의 스승을 죽음으로 몰아넣는 것을 보고 철학자들이 다스리는 나라를 꿈꾸었다. 그 구상의 결실이 〈국가론〉이다.

플라톤은 수많은 저작에서 스승에게서 배운 것들을 풀어놓았다. 〈소크라테스의 변명〉같은 책에서 나오는 소크라테스의 말은 진짜 소크라테스의 말이겠으나, 어떤 책에서 나오는 소크라테스의 말은 플라톤의 말인지 소크라테스 말인지 아리송해질 때도 있다. 이 책을 엮으면서 편자는 그 점에 유의해서 소크라테스가 했을 법한 진짜 소크라테스 말을 고르고 골랐음을 밝히고 싶다.

소크라테스 이전의 고대 그리스에서는 철학의 연구대상이 '자연'이었다.

당시 자연은 생명을 가지고 스스로 움직이는 것으로 생각되었으며 현대인이 생각하는 자연과는 상당히 다른 것이었다.

그러나 B.C. 5세기 후반 소크라테스 시대에는 관심의 대상이 자연에서 인간으로 옮겨져 인간의 영혼이 얼마나 선량한가 하는 윤리적 문제에 관심이 집중되었다.

당시 유행했던 스토아학파는 소크라테스에 크게 의존한 아류 철학자들이었다. 소크라테스는 자연을 대상으로 하는 이전의 철학을 부정하여 자연에 대한 지식이 인생을 잘 살아나가는 문제와는 아무런 관련도 없다고 생각했다. 그러나 소크라테스 이후의 플라톤과 아리스토텔레스는 인간과 자연에 대한 고찰을 동시에 진행하여 거대한 철학체계를 정립했다. 그 점에서 소크라테스는 '서양철학의 아버지'로 추앙을 받고 있는 것이다.

소크라테스와 그의 철학적 관점에 대한 정확한 설명은 상당한 논쟁거리다.

소크라테스는 자신의 완전한 무지(無知)를 선언한 것으로 유명하다. 그는 자신이 알고 있는 유일한 것은 자신의 무지이며, 우리의 무지를 깨닫는 것이 철학의 첫 번째 단계임을 암시하려고 했다.

소크라테스는 이탈리아 르네상스 사상에서 중요한 역할을 했고 헤겔, 키에르케고르, 니체의 작품에 반영된 것처럼 현대에도 소크라테스에 대한 관심은 줄어들지 않고 있다. 예술, 문학 및 대중문화에서 소크라테스에 대한 묘사는 그를 서양철학 전통에서 가장 널리 알려진 인물로 만들었다. 거의 모든 앙케이드에서 철학자하면 떠오르는 첫 번째 인물은 소크라테스다.

2000년 이상 전해져오고 있는 소크라테스의 말에는 철학의 진수(眞髓)가 숨겨져 있다. 고대 현인의 말에 귀 기울여 보도록 하자.

✒ 목차

Chapter 4 가족과 이웃에 대하여 _122

Chapter 7 시민의 권리, 자유와 의무에 대하여 _212

Chapter 12 무엇이 가치 있고 행복한 삶인가?

CHAPTER

1

지혜란 무엇인가?

S o c r a t e s

성찰하지 않은
삶은

성찰하지 않은 삶은 살 가치가 없다.

■ 플라톤, 소크라테스의 재판과 죽음

인생에서
가장 좋은 것

우리는 항상 인생에서 가장 좋은 것을 찾는다. 마침내 그것을 보았을 때, 우리는 그것을 당연하게 여기고 더 나은 것을 기대한다. 그것이 최고이자 마지막인 줄 모르고!

■ 플라톤, 고르기아스

지식은
영혼의 양식

영혼의 양식은 무엇인가? 나는 분명히 지식은 영혼의 양식이라
고 말했다.

■ 플라톤, 국가

지금 재판을
받고 있는 것은

여러분이 나를 기소한 것은 내가 우리의 도시나 또는 제단에 대한 위법적이고 불경건한 행동을 했다는 이유 때문이 아닙니다. 그런 증거는 전혀 제시되지 않았습니다. 여러분은 내 행동을 기소한 것이 아니라 내가 말하고 가르쳤던 것을 기소한 것입니다. 나의 생각과 가르침을 좋아하지 않기 때문에 여러분은 나를 죽이겠다고 위협하고 있습니다. 이것은 사상에 대한 기소이며, 아테네 역사상 처음 있는 일입니다. 그런 점에서 지금 재판을 받고 있는 것은, 나, 소크라테스가 아니라 아테네입니다. 나를 재판하는 배심원 여러분 각자가 피고인 것입니다.

■ 소크라테스의 변명

완전한 빈곤에
빠져 있습니다

나의 청중은 항상 내가 다른 사람들에게서 원하는 것을 발견하는 지혜를 가지고 있다고 상상하기 때문에 나는 현명하다고 불립니다. 그러나 아테네의 사람들이여, 진실은 오직 신만이 지혜로우시다는 것입니다. 그리고 이 신탁에서 신은 사람에게는 지혜가 거의 없거나 전혀 없다고 말하고 계신겁니다. … 오 아테네의 사람들이여, 소크라테스처럼 지혜가 진실로 가치가 없다는 것을 알고 있는가? 그래서 나는 신에게 순종하면서 나의 길을 가고, 현명한 것처럼 보이는 시민이든 낯선 사람이든 누구에게나 질문합니다. 나는 신탁을 옹호하면서 그가 현명하지 않다는 것을 그에게 보여줍니다. 이 직업은 나를 완전히 사로잡았고, 나는 공공의 관심사나 나 자신의 관심사에 바칠 시간이 없습니다. 그러나 나는 신에 대한 헌신 때문에 완전한 빈곤에 빠져 있습니다.

■ 소크라테스의 변명

분별없는
자들

농사를 잘 지은 사람은 그것을 수확할 사람을 알 수 없고, 집을 잘 지은 사람은 거기서 살 사람을 알 수 없으며, 유능한 장군은 군대를 통솔하는 것이 자기에게 유익할지 알 수 없고, 유능한 정치가는 나라를 다스리는 것이 자기에게 유익할지 알 수 없으며, 행복하기 위해 미인과 결혼하는 남자는 그 아내 때문에 고통받을지 알 수 없고, 권문세가의 인척이 된 자는 그들 때문에 나라에서 추방될지 알 수 없다. 이런 일들을 모두 인간의 지성으로 알 수 있다고 생각하는 자들이 있다면 그런 자들은 분별 없는 자들이다.

■ 크세노폰, 소크라테스의 회상

부끄럽지
않습니까?

나는 철학의 실천과 가르침을 결코 멈추지 않을 것입니다. 만나는 사람마다 내 방식대로 권하고 그를 설득하여 말하기를 결코 멈추지 않을 것입니다. 오 나의 친구여, 위대하고 강력하고 지혜로운 아테네의 시민들이여, 그대들은 많은 재물과 껍데기뿐인 명예와 명성을 쌓는 데는 그렇게 많은 관심을 기울일뿐 지혜와 진리와 영혼의 가장 큰 발전에는 거의 관심을 기울이지 않습니다. 부끄럽지 않습니까?

■ 소크라테스의 변명

적어도
지금은

걸음이 빠른데도 걸음이 빨라지고 싶다든가, 건강한데도 더 건강하려고 노력하고 부자이면서도 더 부를 추구하는 사람이 있다면, 그 사람에게 나는 이렇게 말할 거야. '여보게, 자네가 재물이나 건강이나 힘을 가지고 있으면서도 여전히 그것을 더 갖고 싶어 하는 것은 장래에 대한 일일세. 적어도 지금은 자네가 바라든 안 바라든 간에 그런 것들을 가지고 있으니 말이야. 그러니까 자네가 지금 갖고 있는 것을 더 욕망할 경우 그것은 지금 가지고 있는 것을 장래에도 가지고 싶다는 뜻인지, 아니면 딴 뜻인지 한번 생각해 보게.'라고 말이야. 그러면 그는 깨닫는 것이 있지 않을까?

■ 플라톤, 향연

진정한
지혜

진정한 지혜는 아무것도 모른다는 것을 아는 것이다.

지혜의
우월성

궤변가들도, 웅변가들도, 예술가들도, 나도, 참된 것, 선한 것, 아름다운 것이 무엇인지 모른다. 그러나 우리 사이에는 이런 차이가 있다. 비록 이 사람들은 아무것도 모르지만, 그들은 모두 무언가를 알고 있다고 믿는다. 반면에, 나는 아무것도 모른다고 생각하면, 적어도 그것에 대해서는 의심하지 않는다. 그 결과, 신탁(神託)이 나에게 부여한 지혜의 우월성은 내가 모르는 것에 대해 무지하다고 강하게 확신하는 한 가지 요점으로 모아진다.

■ 소크라테스의 변명

초역 소크라테스의 말

철학의
시작

경이는 철학자의 감정이며 철학은 경이에서 시작됩니다.

■ 테아이테토스

지혜의
가식

죽음에 대해 두려워하는 것은 참으로 지혜의 가식(假飾)이다. 미지의 것을 아는 척하는 것이기 때문이다. 두려움에 사로잡힌 사람들이 가장 큰 악이라고 생각하는 죽음이 가장 큰 선이 아닐지 아무도 모른다. 이것은 수치스러운 종류의 무지, 사람이 알지 못하는 것을 알고 있다고 여기는 자만심인 무지가 아닌가? 그리고 이 점에서 나는 나 자신이 일반적인 사람들과 다르다고 믿고, 어쩌면 그들보다 더 현명하다고 주장할 수도 있다. 나는 아래 세상을 거의 알지 못하지만, 나는 내가 알고 있다고 생각하지 않는다.

■ 소크라테스의 변명

진정한
지혜는

진정한 지혜는 우리가 삶과 우리 자신, 그리고 우리 주변의 세계에 대해 얼마나 이해하지 못하는지를 깨달을 때 우리 각자에게 온다.

경건하고 불경한
행동의 차이

그렇다면, 친구여, 당신이 내가 한 질문에 대답하지 않았다는 사실에 나는 놀라움을 금치 못합니다. 경건하고 불경한 행동의 차이가 무엇인지 나에게 말하라고 내가 분명히 당신에게 물었습니다. 그러나 이제는 신들에게 사랑받는 것을 신들도 미워하는 것 같습니다. 그러므로 에우튀프로야, 이렇게 네 아버지를 징벌하는 것은 제우스에게는 호의적이지만 크로노스나 우라노스에게는 불쾌하지 않은 일을 하고 있을 가능성이 매우 높으며, 헤파이스토스는 받아들일 수 있지만 여기에서는 받아들일 수 없는 일을 하고 있을지도 모른다.

■ 에우튀프로

크나큰
악

이성적인 담론을 미워하는 것보다 더 큰 악은 없다.

지혜를 사랑하는
부분을 따른다면

만일 영혼 전체가 반항 없이 지혜를 사랑하는 부분을 따른다면, 그 결과는 일반적으로 각 부분이 자신의 기능을 수행할 수 있다는 것이다 – 다시 말해서 정의로울 수 있다 – 그리고 특히 각 부분은 자신의 것이고, 최선이며, 가능한 한 가장 진실한 쾌락을 누릴 수 있다. … 다른 부분 중 하나가 통제할 때 두 가지 결과가 나타난다. 즉 자신의 적절한 쾌락을 찾지 못하고 다른 부분이 자신의 것도 아니고 사실도 아닌 쾌락을 추구하도록 강요하는 것이다.

■ 플라톤, 공화국

우리 둘 중
어느 누구도

글쎄, 우리 둘 중 어느 누구도 정말 아름답고 좋은 것을 알고 있다고 생각하지 않지만, 나는 그보다 더 잘 살고 있다고 믿는다. 왜냐하면 그는 아무것도 모르면서도 많은 것을 안다고 생각하지만 나는 내가 안다고 생각하지도 않기 때문이다.

어리석은 자,
평범한 자, 똑똑한 자

똑똑한 사람들은 모든 사물과 모든 사람들로부터 배우고, 평범
한 사람들은 자신의 경험에서 배우고, 어리석은 사람들은 이미
모든 답을 가지고 있다.

자신을
찾으려면

지혜의 시작은 용어의 정의입니다. 나는 아무에게도 가르칠 수 없습니다. 나는 단지 그들이 생각하게 할 수 있습니다. 사람이 없어도 할 수 있는 일이 얼마나 많은지요. 중상 모략자는 나를 때리지 않기 때문에 나를 해치지 않습니다. 나는 내 눈으로 사물을 관찰하고 다른 감각으로 사물을 이해하려고 하면 내 영혼이 완전히 장님이 될까 두려웠습니다. 자신을 찾으려면 스스로 생각하십시오.

■ 소크라테스의 변명

두려움은 아마도
경건함보다

경건함이 있는 곳에 두려움이 있지만, 두려움이 있는 모든 곳에
경건함이 있는 것은 아닙니다. 왜냐하면 두려움은 아마도 경건함
보다 더 넓은 범위를 갖고 있기 때문입니다.

자연의
이치

자연은 우리에게 우리가 말하는 것보다 더 많이 듣고 볼 수 있도
록 귀 두 개, 눈 두 개, 혀 하나를 주었다.

안장

좋은 안장을 원하면 최악의 말에 안장을 얹으십시오. 하나를 길들일 수 있다면 모두를 길들일 수 있기 때문입니다.

그에 대한
보답으로

만약 어떤 사람에게 어떤 학대를 받았더라도 그에 대한 보답으로
잘못을 저지르거나 학대해서는 안 됩니다.

지혜에
대하여

… 진정한 지혜는 신의 재산이고 … 인간의 지혜는 가치가 거의 없거나 또는 전혀 없다.

더 견고한
기초가 있다면

이 세상의 모든 지혜는 우리가 이 땅을 떠날 때 돛을 올려야 하는 작은 뗏목에 불과하다. 만약 우리가 항해할 수 있는 더 견고한 기초가 있다면 아마도 어떤 신성한 말씀이었을 것이다.

위대한
신비

사람은 문을 열고 달아날 권리가 없는 죄수라는 비밀리에 속삭이는 교리가 있습니다. 이것은 내가 잘 이해하지 못하는 위대한 신비입니다.

지혜로운 자의
지혜

어리석은 자의 혀는 그의 모략의 열쇠다, 지혜로운 자의 지혜는
그것을 간직하고 있느니.

지혜에서 얻을 수 있는
진정한 이점

우리는 이 새로운 관점에서 단지 지식과 무지에 대한 지식으로만
여겨지는 지혜가 다음과 같은 이점을 가지고 있다고 가정할 수
있습니다. 그리고 그는 개인에 대한 지식 외에도 과학을 보고,
자신이 알고 있는 것에 대해 다른 사람들이 알고 있는 지식을 더
잘 테스트할 수 있기 때문에 모든 것이 그에게 더 분명해질 것입
니다. 반면에 이러한 지식이 없는 탐구자는 더 약하고 약한 통찰
력을 가지고 있다고 가정할 수 있습니까? 친구야, 이것이야말로
지혜에서 얻을 수 있는 진정한 이점이 아닙니까? 그리고 우리는
그녀에게서 발견되는 것보다 더 많은 것을 찾고 구하고 있지 않
습니까?

■ 샤르미데스

나는 오직
지혜가

나는 오직 지혜가 … 가득 찬 그릇에서 빈 그릇으로 흘러가는 그런 종류의 것이 되기를 바랍니다.

■ 플라톤, 심포지엄

평생동안
방황하는 이들

지혜와 미덕에 익숙하지 않은 사람들은 잔치와 그런 것들에 얽매여 아래쪽으로 옮겨지고, 거기에 어울리다가 그들은 평생동안 방황한다. 그들은 위에 있는 진리를 바라보지도 않고, 진리를 향해 올라가지도 않으며, 순수하고 지속적인 쾌락을 맛보지도 않는다. 소처럼 항상 머리를 땅과 연회 테이블 쪽으로 구부린 채 아래를 내려다보며 먹이를 주고 살찌우고 간음한다. 그들의 자신의 소유물을 늘리기 위해 강철의 뿔과 발굽으로 걷어차고 엉덩이를 걷어차고 서로를 죽인다.

■ 플라톤, 공화국

나는 신탁(神託)을
대신하여

나는 장인(匠人)들에게 갔다. 나는 내가 말할 수 있는 것처럼 내가 아무것도 모른다는 것을 알고 있었고, 그들이 내가 무지했던 많은 훌륭한 것들을 알고 있다고 확신했고, 이 점에서 그들은 확실히 나보다 더 현명했다. 그러나 나는 훌륭한 장인들조차도 시인들과 같은 오류에 빠졌다는 것을 관찰했다. 그들은 훌륭한 일꾼이었기 때문에 그들은 온갖 고상한 일을 안고 있다고 생각했고, 그들의 이러한 결점은 그들의 지혜를 흐리게 했다. 그러므로 나는 신탁(神託)을 대신하여 그들의 지식도 무지도, 둘 다 좋아하지도 않는 내가 되고 싶은지 자문해 보았다. 그리고 나는 나 자신과 내가 있는 그대로가 더 낫다고 신탁에 대답했다.

■ 소크라테스의 변명

아무것도
모르기 때문에

내가 그를 떠날 때 나는 속으로 이렇게 생각하였다. 나는 이 사람보다 더 지혜롭다. 그러나 그는 아무것도 알지 못함에도 불구하고 그가 무엇인가를 알고 있다고 생각합니다. 반면에 나는 아무것도 모르기 때문에 그렇게 생각하지 않습니다. 이 사소한 일에서 나는 그보다 더 현명해 보인다. 왜냐하면 나는 내가 모르는 것을 안다는 것을 좋아하지 않기 때문이다.

■ 소크라테스의 변명

인간이란 무엇인가?

Socrates

선과 악의
잣대

우리는 인간의 한계를 가장 잘 파악하고 있어야 한다. 우리가 악하다고 평가하는 사람들에게 선과 악의 잣대를 들이대는 것은 위험한 일이다. 그 사람들이 악이 아니라 선을 행하고 있는 것인지도 모른다. 만약 우리가 틀렸다면, 우리는 세상을 덜 공정하게 만드는 것이다.

■ 플라톤, 국가

자기 자신이
먼저다

세상을 먼저 움직이려는 자는 자기 자신을 먼저 움직이는 법
이다.

끝없는
문제의 근원

몸은 단지 음식이 필요하다는 이유로 우리에게 끝없는 문제의 근원입니다. 또한 질병에 걸리기 쉽고 진리를 추구하는 데 방해가 됩니다. 우리를 사랑, 정욕, 두려움, 공상, 우상, 온갖 어리석음으로 가득 차게 하여 사람들은 생각만큼 말합니다.

■ 파이돈

인간은 육체 없이는
살 수가 없다

사실 뼈와 근육, 그리고 신체의 다른 부분 없이는 사람은 자신의 목적을 수행할 수 없다고 말할 수 있습니다. 그러나 내가 그들 때문에 내가 하는 대로 하고 이것이 최선의 선택이 아니라 마음이 행동하는 방식이라고 말하는 것은 매우 부주의하고 게으른 방식입니다. 나는 그들이 어둠 속에서 느끼는 많은 사람들이 항상 오해하고 잘못 명명하는 조건과 원인을 구별하지 못하는 것이 궁금합니다.

■ 파이돈

인간의 미덕은
모두 훈련의 산물

우리는 술을 좋아하는 사람과 연애에 휘말린 자들이 해야 할 일과 하지 말아야 할 일을 구분하지 못하는 것을 종종 본다. 술과 사랑에 빠진 자들은 돈을 낭비하고, 재산을 탕진하기 일쑤다. 또한 전에는 창피하다고 꺼리던 일도 돈이 된다면 마구 덤벼든다. 전에는 자제력 있던 사람이 자제력을 잃고 전에는 올바른 행위를 하던 사람이 나중에는 그러지 않는 일이 어째서 있을 수 없겠는가? 내가 보기에 인간의 미덕은 모두 훈련의 산물이며, 특히 자제력이 그런 것이다.

■ 크세노폰, 소크라테스의 회상

나는 내가
누구인지 알고 싶다

시인들을 조사해 보니, 재능이 자기 자신과 남을 압도하는 사람, 스스로를 현자라고 칭하면서도 아무것도 아닌 사람으로 여기는 사람으로 있었다. 나만큼 예술에 대해 무지한 사람은 없었다. 예술가들이 정말 아름다운 비밀을 가지고 있다고 확신한 사람은 아무도 없었다. 그러나 그들 중 가장 유능한 자는 그들의 전문 분야에서 탁월하기 때문에 그들은 스스로를 가장 지혜로운 사람으로 여긴다. 내 눈에는 이러한 추측이 그들의 지식을 완전히 손상시키고 있었다. 결과적으로, 나는 나 자신을 신탁의 자리에 앉히고 내가 무엇이 되고 싶은지 – 내가 무엇이었는지, 그들이 무엇을 배웠는지, 내가 아무것도 모른다는 것을 알기 위해 – 나 자신에게 물었다. 나는 나 자신과 신에게 대답했다. 나는 내가 누구인지 알고 싶다.

초역 소크라테스의 말

설득에
대하여

아무리 현명한 자라도 많은 일에서 틀릴 수 있다. 만일 그렇다면, 여러분은 우리가 불의보다 정의를 더 선호하는 것이 잘못되었다고 우리를 설득해야 한다.

■ 플라톤, 국가

인생의
진정한 비극은

우리는 어둠을 두려워하는 아이를 쉽게 용서할 수 있다. 인생의
진정한 비극은 인간이 빛을 두려워할 때이다.

조심해야
할 것

바쁜 삶의 척박함을 조심하라.

철학에 바쳐야
할 시간을

전쟁과 싸움과 파벌은 어디서 오는가? 육신과 육신의 정욕이 아니면 어디에서 오는가? 전쟁은 돈에 대한 사랑으로 인해 발생하며 돈은 몸을 위해 그리고 몸을 위해 획득해야 합니다. 그리고 이 모든 것의 결과로 철학에 바쳐야 할 시간을 잃게 됩니다.

■ 파이돈

불명예에
대하여

누군가는 이렇게 말할 것입니다. 소크라테스여, 당신을 때 이른 종말로 이끌 가능성이 있는 삶의 행로를 부끄러워하지 않습니까? 나는 그에게 정당하게 대답할 수 있습니다. 거기 당신이 잘못 알고 있습니다. 무엇이든 잘하는 사람은 살거나 죽을 확률을 계산해서는 안 됩니다. 그는 어떤 일을 할 때 자신이 옳은 일을 하고 있는지 그른지를 생각해야 합니다. ··· 사람의 처소가 어디든지 그가 택한 곳이든지 지휘관이 두었던 곳이든지 그는 위험의 때에 거기 머물러 있어야 함이 마땅합니다. 그는 죽음이나 그 어떤 것도 생각하지 말고 불명예를 생각해야 합니다.

■ 소크라테스의 변명

인간의
일

인간의 일에는 안정된 것이 없다는 것을 기억하라. 그러므로 일
이 잘 풀릴 때 지나치게 의기양양하거나 역경에 처했을 때 지나
치게 우울해하는 것을 피하라.

의학에
대해서

의학은 몸의 본성과 영혼의 수사학을 정의해야 하기 때문에, 우리가 경험적으로가 아니라 과학적으로 진행한다면, 한 경우에는 약과 음식을 주어 건강과 힘을 주고 다른 경우에는 이식하는 것입니다. 말과 훈련의 올바른 적용으로 당신이 원하는 신념이나 미덕을 얻을 수 있습니다. … 그런 다음 히포크라테스와 마찬가지로 진리가 이것이나 다른 자연에 대해 무엇이라고 말하는지 생각해 보십시오. 우리는 우리가 배우고 가르치고자 하는 것이 단순한 것인지 아니면 다양한 형태의 것인지를 먼저 고려하지 말아야 하며, 만약 단순하다면 그것이 다른 것들과 관련하여 작용하거나 작용하는 힘이 무엇인지 묻고, 만약 여러 형태라면, 그런 다음 양식에 번호를 매기십시오. 그리고 그들 중 하나의 경우를 먼저 보고, 그 다음 모든 경우를 살펴보십시오. 각각의 모든 것을 있는 그대로 만드는 행동 또는 행동의 힘은 무엇입니까?

■ 파이드로스

두 가지
비극

인생에는 두 가지 비극이 있습니다. 하나는 마음의 욕망을 얻지 않는 것입니다. 다른 하나는 그것을 얻는 것입니다.

분풀이
하지 마라

어떤 식으로 학대를 받았더라도, 그 사람은 그 대가로 나쁜 짓을
해서도 안 되고, 어떤 사람을 학대해서도 안 된다.

변증법적
과정

자연상태로 있는 것은 고정된 자체로만 존재하지 않고 화합되고 용해될 수 있다고 가정할 수 있습니다. 그러나 결합되지 않은, 그리고 그것만이 존재한다면, 용해될 수 없는 것이어야 합니다. … 그리고 결합되지 않은 것은 동일하고 변하지 않는 것으로 가정될 수 있습니다. 여기서 화합물은 항상 변하고 결코 같지 않은 것일까요? … 변증법적 과정에서 우리가 진정한 존재의 본질로 정의하는 그 관념이나 본질이 평등의 본질이든 아름다움이든 그 밖의 무엇이든 간에 이러한 본질은 때때로 어느 정도 변화를 일으킬 수 있지 않을까? 아니면 그들 각자는 항상 그들이 있는 그대로이고, 똑같은 단순하고, 변하지 않는 형태를 가지고 있으며, 변화를 전혀 인정하지 않거나, 어떤 식으로든, 또는 언제든지 변화를 인정하지 않는가?

■ 파이돈

야수
본성

우리 모두에게는, 심지어 선한 사람에게도 잠결에서 엿보는 무법적인 야수 본성이 있다.

신이 내려준
신성한 선물

인류에게 주어진 가장 큰 축복은 광기를 통해서 오는데, 그것은
신이 내려준 신성한 선물이다.

가능한 한 훌륭하고
이성적인 사람이 되도록

나는 대부분의 사람들이 신경쓰고 걱정하는 것, 즉 돈을 버는 것, 편안한 가정을 갖는 것, 높은 지위를 얻는 것, 그리고 우리 도시에서 계속되는 다른 모든 활동, 정치적 약속, 비밀 결사, 정당 조직에 대해 관심을 갖지 않았다. 나는 가능한 한 개인적으로, 내가 할 수 있는 가장 위대한 봉사라고 생각하는 일을 하기로 마음먹었다. 나는 여러분 각자가 자신이 가진 것보다 자신이 가진 것에 덜 관심을 갖도록 설득했다. 그래서 가능한 한 훌륭하고 이성적인 사람이 되도록 말이다.

인간
현상

기억하라, 인간의 상태는 영원히 지속되지 않는다. 그러면 당신은 행운에 크게 기뻐하지도 않을 것이고 불행에 크게 슬퍼하지도 않을 것이다.

그것을 추구하고
그것을 실천하라

철학을 실천하는 사람이라면 좋은 일이든 나쁜 일이든 근심하지 마라. 다만 사물 자체를 주의 깊게 살펴보라. 그리고 철학이 당신에게 나쁜 것으로 보인다면, 당신의 아들들뿐만 아니라 모든 사람을 그것에서 돌아서게 하라. 그러나 만일 그것이 내가 생각하는 것처럼 당신에게 보인다면, 용기를 내어 그것을 추구하고 그것을 실천하라.

초역 소크라테스의 말

그리스인 중에서
가장 지혜로운 자

고대 신탁은 나 소크라테스가 그리스인 중에서 가장 지혜롭다고
했다. 왜냐하면 모든 그리스인 중에서 나 혼자만이 인간이란 존
재가 아무것도 모른다는 것을 알고 있기 때문이다.

초역 소크라테스의 말

두 부류의
사람들

인간은 두 부류의 사람들로 구성되어 있다. 자신이 바보라는 것을 아는 현명한 사람들과 자신이 현명하다고 생각하는 바보들.

자신의
행동에서만

당신은 어떤 선량한 사람이라도 삶과 죽음의 위험을 고려해야 한
다고 생각합니다. 당신은 틀린 것입니다. 그는 자신이 하는 일이
옳든 그르든 자신의 행동에서만 이것을 살펴보아야 합니다.

■ 소크라테스의 변명

인생
4계

어린 시절에는 겸손하고, 젊어서는 절제하며, 어른이 되어서는 정의롭고, 늙어서는 신중해야 한다.

불가분의
관계

희극과 비극은 빛과 그림자처럼 불가분의 관계에 있다.

경건은
두려움의 일부

그렇다면 두려움이 있는 곳에 존경도 있다고 말하는 것은 잘못된 것입니다. 그리고 우리는 경외심이 있는 곳에 두려움도 있다고 말해야 합니다. 그러나 두려움이 있는 곳에 항상 존경심이 있는 것은 아닙니다. 홀수는 숫자의 일부이고 숫자는 홀수보다 더 확장된 개념인 것처럼 두려움은 더 확장된 개념이고, 경건은 두려움의 일부이기 때문입니다. 지금 저를 팔로우하고 계신 것 같은데요? … 의인은 항상 경건한지 아니면 경건한 사람은 항상 의로운지 물었을 때 제기하고자 했던 질문입니다. 그리고 경건이 없는 곳에 정의가 없는지 여부; 왜냐하면 정의는 경건이 단지 일부일 뿐이라는 더 확장된 개념이기 때문입니다. 당신은 반대합니까? … 그렇다면 경건이 정의의 일부라면 어떤 부분을 물어봐야 할까요? 이전의 경우에 조회를 진행한 경우 예를 들어 짝수는 무엇이며 짝수는 몇 부분인지 묻는다면 두 변이 같은 도형을 나타내는 숫자라고 대답하는 데 어려움이 없었을 것입니다. 동의하지 않습니까?

■ 에우튀프로

평등한
몫

우리의 모든 불행이 모든 사람이 평등한 몫을 취해야 하는 하나
의 공동 더미에 놓여진다면 대부분의 사람들은 자신의 것을 가
지고 떠나는 데 만족할 것입니다.

가장
큰 축복은

인류에게 주어진 가장 큰 축복은 신의 선물인 광기를 통해 온다.

열정의
부족은

세월은 우리의 피부를 주름지게 하지만 열정의 부족은 우리의 영
혼을 주름지게 한다.

도덕 체계에
대해서

상대적인 감정적 가치에 기반을 둔 도덕 체계는 건전한 것도 사실도 없는 완전히 저속한 개념인 환상에 불과하다.

통찰력

내가 통찰력을 잃지 않는다면, 시력이 약해지는 것에 주의를 기울이지 않을 것이다.

인간 세상만
있는 게 아니다

땅 위에는 동물과 사람이 있는데, 우리가 바다에 거주하는 것처럼 일부는 중부 지역에, 다른 일부는 공중에 거주합니다. 대륙 근처의 공기가 순환하는 섬의 다른 사람들; 한 마디로 물과 바다가 우리에게 있고 에테르가 우리에게 있는 것처럼 공기는 그들에 의해 사용됩니다. 공기가 우리에게 있는 것처럼 그들에게 있습니다. 더욱이 그들의 계절의 기질은 질병이 없고 우리보다 훨씬 오래 살고 시각과 청각과 후각, 그리고 공기가 더 깨끗한 만큼 다른 모든 감각이 훨씬 더 완벽합니다. 물보다, 공기보다 에테르보다. 또 그들에게는 신들이 실제로 거하는 신전과 성지가 있어 그들의 목소리를 듣고 응답을 받고 그것들을 의식하고 대화하며 해와 달과 별을 있는 그대로 보고, 그들의 다른 축복은 이것과 한 부분입니다.

■ 파이돈

세계의 또 다른
지도책을 찾기를 기대하며

이와 같이 한 사람이 사방에 소용돌이를 만들고 하늘로 땅을 안정시킵니다. 다른 하나는 일종의 넓은 구유인 지구를 지원하기 위해 공기를 제공합니다. 그것들을 최선을 다해 처리하는 어떤 힘도 결코 그들의 마음에 들어오지 않으며, 거기에 초인간적인 힘이 있다고 상상하지도 않습니다. 그들은 오히려 선보다 더 강하고, 더 영원하고 더 많은 것을 포함하는 세계의 또 다른 지도책을 찾기를 기대하며, 선의 의무적이고 포함하는 힘은 아무 것도 아니라는 의견이 분명합니다. 그러나 이것은 누군가가 나를 가르친다면 곧 배우게 될 원리입니다.

■ 파이돈

초역 소크라테스의 말

이 세상
감옥에서 풀려나

거룩한 삶을 살았던 놀라운 사람들도 이 세상 감옥에서 풀려
나고 위에 있는 그들의 정결한 집으로 돌아가서 더 정결한 땅에
거합니다. 철학으로 정당하게 자신을 정화한 사람들은 이제부터
육체 없이 이보다 훨씬 더 아름다운 저택에서 삽니다.

■ 파이돈

우리가 보고 듣는
모든 것

우리가 보고 듣는 모든 것을 안다고 말할 수 있습니까? 예를 들면, 우리는 배우지 않고 그들이 우리에게 말할 때 외국인의 언어를 듣지 않는다고 말해야 합니까? 아니면 우리가 듣기만 하는 것이 아니라 그들이 말하는 바를 안다고 말할 것입니까? 또 우리가 알지 못하는 글자를 보면 보이지 않는다고 말해야 합니까? 아니면 우리가 그들을 보고 그들을 알아야 한다는 것을 피해야 합니까?

■ 테아테투스

초역 소크라테스의 말

소크라테스식
선문답

육체를 살아 있게 하는 본질적인 것은 무엇입니까? [영혼]
… 그렇다면 영혼이 무엇을 소유하든지 생명을 낳기 위해 오는 것
입니까? … 그리고 인생의 반대말이 있나요? [죽음.] 그러면 영
혼은 그녀가 인정한 대로 그녀가 가져온 것과 반대되는 것을 결
코 받지 못할 것입니다. … 그리고 죽음을 인정하지 않는 원칙
을 무엇이라고 합니까? [불멸자.] 그리고 영혼은 죽음을 인정합
니까? [아니오] 그러면 영혼은 불멸입니까? [네.]

■ 파이돈

초역 소크라테스의 말

어떻게 교육할 것인가?

Socrates

교육이란?

교육은 불을 피우는 것이지 그릇을 채우는 것이 아니다.

여러분에게
말하노니

나는 나이 든 사람이든 젊은 사람이든 여러분 모두를 설득하는 것 외에는 아무것도 하지 않는다. 여러분이 개인적 욕망이나 재산에 대해 생각하지 않고, 주로 영혼의 가장 큰 개선에 관심을 갖도록 말이다. 미덕은 돈에 의해 주어지는 것이 아니라 미덕에서 돈과 인간의 다른 모든 선이 나온다는 것을 여러분에게 말하노니 …

■ 소크라테스의 변명

초역 소크라테스의 말

생각하게
할 수 있을 뿐

나는 아무에게도 가르칠 수 없다. 나는 그들이 생각하게 할 수
있을 뿐이다.

최고의
봉사

나는 가능한 한 최고의 봉사라고 생각하는 일을 개별적으로나 개인적으로 당신에게 하기로 작정했습니다. 나는 가능한 한 훌륭하고 합리적이 되도록 자신이 가진 것보다 가진 것보다 덜 신경 쓰도록 여러분 한 사람 한 사람을 설득하려고 노력했습니다.

이미 만들어진 혐의를
반복하는 교육

만약 누군가가 그들에게 "왜, 그는 어떤 악을 행하거나 가르치는가?"라고 묻는다면? 그들은 알지 못하고 말할 수도 없습니다. 그러나 그들은 헤매는 것처럼 보이지 않으려고, 구름 위와 땅 아래에 있는 것들을 가르치고, 신이 없고, 더 나쁜 것을 더 좋은 원인으로 보이게 하는 것에 대해 사용되는 이미 만들어진 혐의를 반복합니다. 왜냐하면 그들은 자신들의 지식의 가식이 감지되었다고 고백하는 것을 좋아하지 않기 때문입니다. 이것이 진실입니다. …

■ 소크라테스의 변명

그들의 성공에
의해 망가졌다

교육받은 사람을 뭐라고 불러야 하죠? 첫째, 하루하루 마주치는 상황을 잘 관리하는 사람들. 다음으로, 모든 남자들과의 교제에서 점잖고 떳떳하며, 다른 사람들에게 불쾌감을 주는 것을 쉽게 그리고 좋은 본성으로 받아들이고, 인간적으로 가능한 한 그들의 동료들에게 상냥하고 이성적으로 대하는 사람들 … 그들의 기쁨을 항상 통제하고, 궁극적으로 그들의 불행에 의해 극복되지 않는 사람들 … 그렇지 않은 사람들. 진정한 자신을 버리지 않고 현명하고 냉철한 정신의 소유자처럼 확고한 입장을 견지하는 그들의 성공에 의해 망가졌다.

보수를 위해 일하는
교사들이 가르치는 것

보수를 위해 일하는 교사들 각각은… 지식을 지혜라고 부르는 다수의 의견 외에는 아무것도 가르치지 않습니다.

나쁜 사람은
없다

자발적으로 나쁜 사람은 없다. 그러나 나쁜 사람은 육체의 잘못된 기질과 나쁜 교육 때문에 나쁜 사람이 된다. 그것은 모든 사람에게 혐오감을 주고, 그의 의사에 반하여 그에게 일어나는 일 때문에 나쁜 사람이 된다.

■ 플라톤, 티메우스

내일의
리더

오늘의 학습자는 내일의 리더이다.

■ 플라톤, 국가

어려운
예술의 법칙

사람이 그가 쓰고 말하고 있는 몇 가지 세부 사항의 진실을 알고 그것들을 있는 그대로 정의할 수 있을 때까지, 그리고 그것들을 더 이상 나눌 수 없을 때까지 나누도록 다시 정의할 때까지, 그는 영혼의 본성을 분별할 수 있고, 다른 본성에 적응된 다양한 담론 양식을 발견할 수 있고, 단순한 형태의 연설이 보다 단순한 본성에 대해 언급될 수 있는 방식으로 그것들을 배열하고 배치할 수 있고, 그리고 복잡하고 복합적이며 더 다양한 본성에 이르기까지, 그가 이 모든 것을 성취할 때까지 그는 예술의 법칙에 따라 논증을 처리할 수 없을 것입니다.

■ 파이드로스

용기는 학습과
훈련에 따라

용기는 가르칠 수 있는 것인가? 아니면 타고난 것인가? 나는 어떤 사람의 몸이 다른 사람의 몸보다 노동에 선천적으로 더 강하듯이, 어떤 사람의 혼은 다른 사람의 혼보다 위험에 선천적으로 더 용감하다고 생각하네. 같은 법률과 관습 밑에서 자란 사람들도 용기에서 큰 차이가 나는 것을 보기 때문일세. 하지만 나는 모든 사람의 본성은 학습과 훈련에 따라 더 용감해질 수 있다고 생각하네. 내가 보기에 인간은 다른 점에서도 타고난 능력이 서로 다른 데, 훈련을 통해 그런 능력을 크게 계발하네. 따라서 분명 모든 사람은 타고난 재능이 평균 이상이든 평균 이하든 자기가 인정받고 싶어 하는 자질을 익히고 훈련해야 하네.

■ 플라톤, 국가

글쓰기에
대해서

글쓰기는 불행히도 그림과 같다는 생각을 지울 수 없습니다. 화가의 작품에는 삶의 태도가 있지만 질문을 하면 엄숙한 침묵을 유지합니다. 그리고 연설에 대해서도 마찬가지라고 할 수 있습니다. 그들이 지능이 있다고 상상할 수 있지만, 무엇을 알고 싶어 그들 중 한 명에게 질문을 하면 화자는 항상 한 가지 변함없는 대답을 합니다. 그리고 그것들이 일단 기록되면 그것들을 이해하거나 이해하지 못할 수 있고 누구에게 대답해야 하는지, 누구에게 대답하지 말아야 하는지 모르는 사람들 사이 어디에서든 굴러다니고 있습니다. 그들은 스스로를 보호하거나 방어할 수 없습니다.

■ 파이드로스

절제와
단련

올곧은 사람은 결코 불의를 범하지 않고 절제 있는 사람은 방자하지 않다. 이는 배울 만한 무엇인가를 배운 사람이 그것을 모르지 않는 것과 같은 이치다. 내가 보기에 몸을 단련하지 않는 사람이 몸이 하는 일을 해낼 수 없듯이, 영혼을 단련하지 않는 사람은 영혼이 하는 일을 해낼 수 없다. 그래서 아버지들은 아들이 비록 절제 있다 하더라도 나쁜 사람과 사귀지 못하게 한다. 훌륭한 사람과 사귀면 미덕이 함양되지만 나쁜 사람과 사귀면 미덕이 손상된다고 믿기 때문이다. 훌륭한 사람에게서는 훌륭한 것을 배우겠지만 그대가 나쁜 사람과 사귀면 갖고 있는 지혜마저 잃고 말리라.

■ 크세노폰, 소크라테스의 회상

반(反) 교육

돈으로 얻은 교육은 교육을 전혀 받지 않는 것보다 나쁩니다.

우리가 아는 것과
모르는 것

한 사람이 자기 앞에서 다른 사람이 하품을 하면 그에게서 하품의 감염을 알아차리듯이 그는 나의 어려움으로 인해 어려움에 빠진 것처럼 보였습니다. 그러나 그는 명성을 유지해야 했기 때문에 내 도전에 대답하거나 문제가 되는 질문을 결정할 수 없다는 것을 회사 앞에서 인정하기가 부끄럽습니다. 그는 자신의 당혹감을 숨기기 위해 이해할 수 없는 시도를 했다. 논쟁이 계속될 수 있도록 나는 그에게 이렇게 말했습니다. 당신이 원한다면 이 과학이 있다고 가정합시다. 가정이 옳거나 그른지 여부는 이후에 조사될 수 있습니다. 그것의 존재를 인정하면서, 그러한 과학이 어떻게 우리가 우리가 아는 것과 모르는 것을 구별할 수 있게 해주는지 말해 주시겠습니까? … 그러면 현명한 사람은 의사가 어떤 종류의 과학이나 지식을 가지고 있음을 참으로 알 수 있습니다. 그러나 그가 이것의 본질을 발견하기를 원할 때 그는 질문할 것입니다. 주제가 무엇입니까? 왜냐하면 몇몇 과학은 그들이 과학이라는 단순한 사실에 의해서가 아니라 그 주제의 본질에 의해 구별되기 때문입니다. 사실이 아닙니까?

■ 샤르미데스

좋은 가르침을 잊고
행하지 않는 것은

서사시도 자주 음송(吟誦)하지 않으면 잊혀지듯이 스승의 가르침도 소홀히 하면 마음에서 지워지기 마련이다. 좋은 가르침을 잊고 행하지 않는 것은 그의 영혼이 절제를 원했을 때 경험한 것을 잊어버리는 것을 뜻하며, 이것을 잊었다면 그가 절제능력마저도 잃어버리는 것이다.

■ 크세노폰, 소크라테스의 회상

수사학에
대해서

수사학은 설득의 기교이며 이것과 다른 할 일이 없으며 이것이 그녀의 왕관이자 끝이라고 말하고 싶은 것입니다. 당신은 설득력을 낳는 것 이상으로 수사학의 다른 효과를 알고 있습니까? … 당신에 따르면, 당신이 말하고 수사학에 의해 주어진 설득의 정확한 성격이 무엇인지, 또는 설득의 주제가 무엇인지 나는 잘 알지 못합니다. 비록 나는 한쪽과 다른 쪽 모두에 대해 의심이 있지만. 그리고 나는 수사학에 의해 주어지는 이 설득력은 무엇이며 무엇에 대해 묻고자 합니다. 그런데 왜 의심이 들면 말하지 않고 물어보는 걸까요? 당신을 위해서가 아니라, 논쟁이 진실을 가장 잘 드러낼 수 있는 방식으로 진행되도록 하기 위함입니다. 그리고 제가 이 질문을 하는 것이 옳다는 것을 여러분이 관찰해 주셨으면 합니다.

■ 고르기아스

요즈음
아이들은

아이들은 이제 사치를 좋아하고, 예의가 바르지 못하고, 권위를 경멸하고, 어른들을 무시하고, 운동 대신 잡담을 좋아한다. 아이들은 이제 가정의 하인이 아니라 폭군이다. 노인들이 방에 들어올 때 그들은 더 이상 일어나지 않는다. 그들은 부모와 말다툼을 하고, 친구들 앞에서 수다를 떨고, 식탁에서 진미를 게걸스럽게 먹어치우고, 다리를 꼬고, 스승을 두려워하지 않는다.

초역 소크라테스의 말

쉽게
얻으려면

다른 사람들이 열심히 노력한 것을 쉽게 얻으려면 다른 사람들의
글을 읽고 자신을 향상시키는 데 시간을 투자하라.

배움에
대하여

지적인 사람은 모든 것에서 배운다. 평균적인 사람은 그들의 경험으로부터 배운다. 어리석은 사람은 이미 모든 답을 알고 있다.

나는 평범한 사람들의
선한 힘을 믿는다

나는 평범한 사람들이 해(害)를 끼칠 수 있는 무한한 능력을 가졌으면 좋겠다. 그러면 오히려 그들은 선을 행할 수 있는 무한한 힘을 가질 수 있을 것이다.

질문에
대하여

당신이 내 말을 믿지 않을 거라는 걸 압니다. 하지만 인간의 탁월함의 가장 높은 형태는 자신과 다른 사람들에게 질문하는 것입니다.

가르치는 것은
스스로 배우게 하는 것

가르치는 것이 기계적인 방식으로 한 사람에게서 다른 사람으로 지식을 전달하는 것을 의미한다면 아무도 가르칠 수 없습니다. 할 수 있는 최선은 다른 사람보다 지식이 풍부한 사람이 일련의 질문을 함으로써 다른 사람이 생각하도록 자극하고 스스로 배우게 하는 것입니다.

당신과 같은
철학자는

당신과 같은 철학자는 우리 나라가 어머니나 아버지나 그 어떤 조상보다 더 소중하고 더 높고 거룩하며, 신들과 지식인들의 눈에 더 많이 보여진다는 것을 발견하지 못했습니까?

■ 크리토

아무 것도 가르친 적이
없기 때문에

나는 정규 제자가 없었지만, 내가 가르치는 동안에 누구든지 와서 내 말을 들고자 한다면 그가 노소를 막론하고 자유롭게 올 수 있습니다. 또한 나는 돈을 지불하는 사람들과 대화하지 않습니다. 부자나 가난한 자나 누구든지 내게 묻고 대답하며 내 말을 들을 수 있습니다. 그리고 그가 나쁜 사람으로 판명되든 좋은 사람으로 판명되든, 나는 그에게 아무 것도 가르친 적이 없기 때문에 정당하게 내 책임으로 돌릴 수 없습니다. 또 누구든지 나에게 은밀히 모든 세상이 듣지 못한 것을 배웠거나 들었다고 하면 그가 거짓을 말하는 줄을 그대들이 알기를 원합니다.

■ 소크라테스의 변명

가능한 한 훌륭하고
합리적이 되도록

나는 가능한 한 최고의 봉사라고 생각하는 일을 개별적으로나 개인적으로 당신들에게 하기로 작정했습니다. 나는 가능한 한 훌륭하고 합리적이 되도록 자신이 가진 것보다 덜 신경쓰도록 여러분 한 사람 한 사람을 설득하려고 노력했습니다.

■ 소크라테스의 변명

수사학에
대하여 2

자, 그럼, 우리가 수사학에 대해 정말로 무엇을 의미하는지 봅시다. 왜냐하면 나는 아직 내 자신의 의미가 무엇인지 모르기 때문이지요. 의회가 의사나 선원이나 다른 장인을 선출하기 위해 모였을 때, 수사학자는 변호사를 선임할 것인가? 당연히 아니지요. 모든 선택에서 가장 숙련된 사람을 선택해야 합니다. 다시 말하면, 성벽을 건설하거나 항구나 부두를 건설해야할 때, 수사학자가 아니라 장인이 조언할 것입니다. 또는 장군을 선택하고 전투 순서가 정해지거나 포지션이 취해지면 군대는 수사학자가 아닌 조언을 제공할 것입니다. 고르기아스, 당신은 뭐라고 말합니까? 당신이 수사학자와 수사학자의 제작자라고 공언하기 때문에 나는 당신에게서 예술의 본질을 배우는 것보다 더 잘 할 수 없습니다. 그리고 여기에서 나뿐만 아니라 당신의 이익에도 관심이 있음을 보증합니다. 이 자리에 있는 젊은이들 중에는 선생님의 제자가 되고 싶어 하는 사람들도 있을 것이고, 사실 저도 이런 소망을 품고 있는 사람들을 많이 볼 수 있습니다만, 그들은 너무 겸손해서 선생님을 의심하지 않을 것입니다. 그러므로 당신이 나에게 심문을 받을 때, 나는 당신이 그들에게 심문을 받고 있다고 상상하기를 바랍니다 ··· 정의롭고 부당한 것에 대해서만, 아니면 내가 방금 언급한 다른 것들에 대해서도? 그들에게 어떻게 대답할 것인가?

■ 고르기아스

웅변술에
대해서

웅변술은 영혼을 매혹시키는 기술입니다. 그러므로 웅변가가 되고자 하는 사람은 인간 영혼의 차이점을 배워야 합니다. 인간 영혼은 너무나 많은 본성을 갖고 있으며, 인간과 인간의 차이점도 여기에서 비롯됩니다. 여기까지 분석을 진행한 그는 다음으로 연설을 서로 다른 부류로 나눌 것입니다. '이런 저런 사람들은 이런 저런 종류의 연설에 이런 저런 식으로 영향을 받습니다'라고 말할 것입니다. 당신은 왜. 제자는 먼저 그것들에 대한 좋은 이론적 관념을 가지고 있어야 하고, 그 다음에는 실제 생활에서 그것들에 대한 경험이 있어야 하고, 자신에 대해 온 감각으로 그것들을 따를 수 있어야 하며, 그렇지 않으면 스승의 계율을 결코 벗어나지 못할 것입니다. 그러나 그가 어떤 논증으로 사람들을 설득하는지 이해할 때, 그리고 추상화에서 그가 말하고 있는 사람이 실제로 그 앞에 있는 것을 보고 그것이 바로 그 사람임을 알고 속으로 '이 사람이 그 사람에게 특정한 논증을 적용해야 할 인물이다'라고 스스로 말할 수 있습니다. 이 모든 것을 알고 언제 말을 해야 하고 언제 삼가야 하며 언제 간결한 말, 애처로운

호소, 선정적 효과 및 기타 모든 방식을 사용해야 하는지를 알고
있는 사람입니다.

■ 파이드로스

세 가지
공리

왜 우리는 차분하고 인내심 있게 우리 자신의 생각을 검토하고, 우리 안에 있는 이러한 모습들이 실제로 무엇인지 철저히 조사해서 보지 않을까요? 만약 제가 틀리지 않는다면, 그들은 다음과 같이 설명될 것입니다.

첫째, 그 자체와 동일하게 유지되는 동안 그 어떤 것도 수적으로나 규모에서 더 크거나 작을 수 없다는 것입니다.

둘째, 덧셈이나 뺄셈 없이는 증감이 없고 오직 평등만 있을 뿐입니다.

셋째, 이전에 없었던 것은 생성과 생성 없이는 나중일 수 없습니다.

내가 틀리지 않았다면 이 세 가지 공리는 우리 마음 속에서 서로 싸우고 있습니다. 만약 내가 당신보다 어느 정도 키가 크고, 키의 증가 또는 감소 없이 1년이 흘렀는데 우리의 키가 같아졌다면 내 키가 줄어든 것인가? 당신의 키가 자란 것인가? 내 키가 줄어든 것이 아니라면, 성인인 당신이 키가 자랐다는 것이 말이 되는가? 만약 우리가 그것들을 인정한다면, 나는 당신에게 유사한 모순의 만 가지 예를 들 수 있습니다.

■ 테아테투스

글쓰기에
대해서 2

그러나 글 속에 진지하지 않은 것이 필연적으로 많다고 생각하는 사람, 그리고 시나 산문, 말을 막론하고 글을 쓰든 간에, 만약 랩소드의 작곡처럼 그것들을 단지 낭독하기만 한다면 어떤 큰 가치도 없다고 생각하는 사람은 비판이나 지시를 위한 것이 아니라 믿게 하기 위함입니다. 그리고 누가 가장 좋은 글이라도 우리가 알고 있는 것에 대한 회상일 뿐이며, 오직 정의와 선함, 고귀함의 원칙에 따라 가르침을 위해 구두로 가르치고 전달하며 영혼에 새겨야 하는 참된 방법이라고 생각합니다. 글쓰기, 거기에 명료함, 완전함, 진지함이 있는가, 그리고 그러한 원칙이 인간 자신과 그의 적법한 후손이라는 것, – 우선, 그가 자신의 가슴에서 발견한 말인 것, 둘째, 그가 다른 사람들의 영혼에 정당하게 심어준 형제와 후손, 그의 사상의 관계, 그리고 다른 사람들은 돌보지 않고 그들을 돌보는 사람이 바로 이런 사람입니다. 그리고 우리는 그와 같이 되기를 기도할 것입니다.

■ 파이드로스

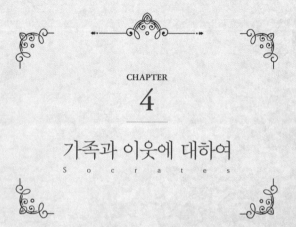

가족과 이웃에 대하여
Socrates

생명의
싸움

나는 오직 진실을 알고 싶을 뿐이고, 내가 할 수 있는 한 잘 살고 싶을 뿐이다. … 그리고, 내 힘을 다해, 나는 다른 모든 사람들에게도 똑같이 하라고 권한다. … 나는 또한 여러분이 위대한 전투, 즉 삶의 전투에 동참할 것을 권한다. 지상의 모든 갈등 중에서 가장 큰 싸움은 생명의 싸움이다.

지금까지보다도
부귀하게

만일 자네가 친구의 재보를 늘려 주려고 생각한다면 자네는 그를
지금까지보다도 부귀하게 지낼 수 있도록 꾀하겠지만, 그와 더불
어 국가도 한층 더 부유해지도록 힘써 보겠나?

■ 플라톤, 국가

많은 가족을
먹여 살려야 하는 자네는

많은 식구를 먹여 살려야 하는 케라몬 같은 자는 자신과 가족에게 필요한 것을 충당하고도 저축이 늘어 부자가 되는데, 똑같이 많은 가족을 먹여 살려야 하는 자네는 생필품이 부족하여 모두 다 굶어 죽을까 걱정된다니 대체 어찌 된 일인가? 자네는 밀가루를 빻는 기술도, 돼지와 소를 쳐서 저축을 하지도 않았고 가끔 나라를 위해 공공봉사도 하지 않았네. 케라몬 같이 잘 사는 자들은 빵을 구움으로써 온 가족을 부양하고, 외투를 제작하고 담요를 제작함으로써, 가족을 부양할뿐더러 화려하게 산다는 것도 모르는가?

■ 크세노폰, 소크라테스의 회상

설마
재물이 형제보다

자네는 설마 재물이 형제보다 소중하다고 믿는 것은 아니겠지. 재물은 의식이 없고 형제는 의식이 있고 보호해줄 필요가 있다네. 자네는 재물은 많지만 형제는 한 명뿐이니 말일세. 형제의 재산은 가질 수 없기에 형제가 있는 것은 손해라고 믿지만, 동료 시민들의 재산은 가질 수 없기에 동료 시민들이 있는 것은 손해라고 믿지 않는다면 이 또한 이상한 일 아닌가. 물론 모든 재산을 위태롭게 소유하며 혼자 살아가는 것보다 충분한 재산을 갖고 동료 시민들의 집단으로 안전하게 살아가는 편이 더 낫다는 판단을 내릴 수도 있네. 그런데 형제에게 같은 원칙을 적용하지 않는 것은 이상하지 않은가!

■ 크세노폰, 소크라테스의 회상

영원히 승자로
남으려면

우리는 보다 더 유익하고 더 고매한 일을 해낸 자가 승자이고, 영원히 승자로 남으리라는 것을 모른다네. 호메로스가 말하기를 어떤 사람은 생을 마감하는 순간 미래를 예견하는 능력이 생긴다더군. 나도 죽음을 맞이하면서 무엇인가 예언하고 싶다네. 어떤 젊은이와 잠시 사귀었을 때 나는 그를 지적 능력이 있는 사람이라고 생각했었지. 그래서 예언하는데, 그는 아버지가 마련해준 노예 같은 직업에 계속해서 종사하지 않을 것이며, 건전한 조언자가 없어 수치스러운 욕구에 굴복하며 타락의 길로 멀리 나아갈 걸세.

■ 크세노폰, 소크라테스의 회상

결혼에
대하여

어떻게든 결혼하라. 좋은 아내를 얻으면 행복해질 것이다. 나쁜 아내를 얻으면 철학자가 될 것이다.

신들에게서
받은 선물

시간은 충분합니다. 그리고 나는 우리 머리 위의 뜨거운 태양 아래서 자기 방식대로 지저귀는 메뚜기들이 서로 이야기하고 우리를 내려다보고 있다고 믿습니다. 우리가 많은 사람들처럼 대화를 하지 않고 한낮에 잠을 자고 그들의 목소리에 도취되어 생각하기에 너무 게으른 것을 그들이 본다면 그들은 뭐라고 말할까요? 그들은 우리를 웃을 권리가 없습니까? 그들은 우리가 그들의 안식처에 쉬러 와서 정오에 우물 주위에 잠자는 양들과 같은 노예라고 생각할지 모릅니다. 그러나 그들이 우리가 담론을 하고 있고 오디세우스가 그들 사이를 지나 항해하는 것처럼 그들의 사이렌 목소리에 귀먹은 채로 있는 것을 본다면, 그들은 아마도 존경의 의미에서 그들이 신들에게서 받은 선물을 우리에게 주어 인간에게 나누어 줄 수 있을 것입니다.

■ 파이드로스

벽에
대하여

때로는 사람들이 들어오지 못하게 하기 위해서가 아니라, 누가 그것을 무너뜨릴 만큼 신경을 쓰는지 보기 위해 벽을 세우기도 한다.

당신을 평가하는
사람에 대해서

당신의 모든 말과 행동을 칭찬하는 충실한 사람들이 아니라 당신의 허물을 친절하게 책망하는 사람들을 생각하십시오.

노인과 젊은이를
막론하고

나는 당신 개인이나 당신의 재산에 대해 생각하지 않습니다. 나는 노인과 젊은이를 막론하고 주로 그들의 영혼의 가장 큰 개선에 관심을 가지도록 설득하는 일 외에는 아무것도 하지 않습니다.

중상하는
사람

소문을 퍼뜨리는 사람이나 중상하는 사람의 말을 듣지 마십시오. 그는 선의로 아무 말도 하지 않습니다. 그러나 그가 다른 사람들의 비밀을 발견하고 중상하는 것처럼, 그는 당신에게도 그렇게 할 것입니다.

너희가
이렇게 한다면

내 아들들이 어른이 되었을 때, 오 나의 친구들이여, 나는 그들에게 벌을 내려달라고 너희에게 부탁할 것이다. 그리고 내가 너희를 괴롭혔던 것처럼, 그들이 부나 그 어떤 것에 대해 미덕보다 더 신경을 쓰는 것 같다면, 또는 그들이 정말로 아무것도 아닌 것처럼 가장한다면, 나는 그들을 꾸짖을 것이다. 내가 너희를 꾸짖은 것처럼, 그들이 신경써야 할 것에 대해 신경 쓰지 않는 것에 대해, 그리고 그들이 뭔가라고 생각하는 것에 대해, 그들을 꾸짖을 것이다. 그들은 정말 아무것도 아니다. 그리고 너희가 이렇게 한다면 나와 내 아들들은 너희 손에 정의를 받게 될 것이다.

■ 소크라테스의 변명

우리가 어린아이보다
나을 것이 없다는 것

우리는 우리가 고의적으로 잘못을 저지르지 않았다고 말해야 합니까? 아니면 어떤 면에서 우리는 잘못을 해야 하고 다른 면에서는 잘못해서는 안 된다고 말해야 합니까, 아니면 내가 지금 말했듯이 항상 악하고 불명예스러운 일을 하고 있다고 말해야 합니까? 우리가 이미 인정한 것처럼? 며칠 만에 한 우리의 이전 입학은 모두 버려지는 것입니까? 그리고 우리 나이에 일생 동안 진지하게 서로 토론하다가 우리가 어린아이 보다 나을 것이 없다는 것을 알게 되었습니까? 아니면 많은 사람들의 의견에도 불구하고, 더 좋든 나쁘든 결과에도 불구하고, 우리는 불의가 항상 불의한 행동을 하는 사람에게 악이고 불명예라는 당시의 말의 진실을 주장할 것입니까? 그렇게 말할까 말까?

■ 크리토

어머니인 땅을
찬양하는 것

그리고 먼저 그들의 탄생에 대해. 그들의 조상은 나그네가 아니요 그들의 후손은 타국에서 온 나그네뿐이 아니요 그러나 그들은 그들의 땅에서 거주하고 사는 흙의 자녀입니다. 그리고 그들을 키운 나라는 다른 나라와 같지 않은, 자식들의 계모가 아니라 그들 자신의 진정한 어머니이다. 그녀는 그것들을 낳고 기르고 받아들였고, 이제 그들은 그녀의 품에서 쉬고 있습니다. 그러므로 우리가 그들의 어머니인 땅을 찬양하는 것으로 시작해야 하며, 그것이 그들의 고귀한 출생을 찬양하는 방법이 될 것입니다. … 그리하여 그들과 우리 조상들, 그리고 우리 형제들 역시 고상하게 태어나고 모든 자유를 누리며 자랐기 때문에 공적 또는 사적 자격으로 전 세계적으로 유명한 많은 고귀한 일을 했습니다. 그들은 자유를 위해, 헬라인을 위해, 헬라인과, 헬라스의 공동 이익을 위해 야만인에 맞서 싸워야 한다고 생각한 사람들의 행동이었습니다.

■ 메네시우스

아테네인들이여,
나의 친구여

아테네인들이여, 나의 친구여, 나는 사람이요 다른 사람들과 같이 혈과 육의 피조물이라 호머가 말했듯이 "나무나 돌로"가 아닙니다. 그리고 나는 가족이 있고, 그렇습니다. 그리고 아들들이여, 오 아테네인들이여, 수적으로 셋이요, 하나는 거의 남자에 가깝고, 다른 둘은 아직 어리다. 그러나 나는 당신에게 무죄를 청하기 위해 그들 중 어느 것도 여기로 데려오지 않을 것입니다. 그리고 왜 안되지? 자기 주장이나 당신에 대한 존경의 부족에서가 아닙니다. 내가 죽음을 두려워하지 않는지 아닌지는 또 다른 질문인데, 지금은 말하지 않겠습니다. 그러나 여론에 비추어 볼 때 그러한 행동은 나 자신과 당신, 그리고 국가 전체에 대해 신뢰할 수 없는 행동이라고 생각합니다. 내 나이에 이르고 지혜의 이름을 가진 사람은 자신을 비하해서는 안 됩니다. 나에 대한 이러한 견해가 합당한지 아닌지, 어쨌든 세상은 소크라테스가 어떤 면에서 다른 사람들보다 우월하다고 결정했습니다. 또 너희 중에 지혜와 용기와 다른 덕이 뛰어나다고 하는 사람들이 이와 같이 자기를 낮추면 그들의 행실이 얼마나 부끄러운가! 나는

평판이 좋은 사람들이 유죄 판결을 받았을 때 가장 이상한 방식
으로 행동하는 것을 보았습니다.

■ 소크라테스의 변명

나무뿌리를
위한 것

프로타고라스여, 덧없는 것이 좋다는 것은 사람에게만 덧없는 것이냐, 아니면 전적으로 덧없다는 말이냐? 후자를 선이라고 합니까? 그는 확실히 마지막이 아니라고 대답했습니다. 나는 많은 것을 아나니 곧 고기와 음료수와 약품과 그 밖의 일만 가지로서 사람에게 무익하고 어떤 것은 유익하니라. 그리고 어떤 것들은 사람에게 유익하지도 않고 부적절하지도 않고 오직 말에게만 해당됩니다. 일부는 소만을 위한 것이고 일부는 개를 위한 것입니다. 그리고 일부는 동물이 아닌 나무만을 위한 것입니다. 그리고 일부는 나무뿌리를 위한 것이지 나뭇가지를 위한 것이 아닙니다. 예를 들어, 거름은 나무뿌리 주위에 놓으면 좋은 것이지만 싹과 어린 가지에 던지면 완전히 파괴됩니다. 또는 나는 모든 식물에 해를 끼치고 일반적으로 사람을 제외한 모든 동물의 모발에 가장 해롭지만 인간의 모발과 일반적으로 인체에 유익한 올리브오일을 예로 들 수 있습니다.

■ 프로타고라스

어머니나 아버지나
그 어떤 조상보다

'당신의 아버지는 우리의 도움으로 당신의 어머니와 결혼하여 당신을 낳았습니다. 우리 중 결혼을 규제하는 사람들에 대해 강력히 반대할 사항이 있는지 말씀해 주십시오.' 없음, 대답해야 합니다. '아니면 당신도 훈련을 받은 자녀의 양육과 교육을 출생후에 통제하는 우리를 반대합니까? 교육을 담당하는 법이 아니었느냐, 아버지에게 음악과 체조를 훈련시키라고 명령한 것이 맞습니까?'

응, 답장을 해야지. 그러면 너희는 세상에 태어나 우리에게서 양육과 교육을 받았으니 너희 조상들이 너희보다 먼저 하였듯이 너희가 우리의 자녀요 종이었음을 먼저 부인할 수 있느냐? 그리고 이것이 사실이라면 당신은 우리와 동등한 조건에 있지 않습니다. 또한 우리가 당신에게 하는 일을 당신에게 할 권리가 있다고 생각할 수도 없습니다. 당신이 아버지나 주인에게 공격을 받거나 욕하거나 다른 악을 행할 권리가 있습니까? 당신이 아버지나 주인에게 공격을 받았거나 모욕을 당했거나 그의 손에 다른 악을 받았기 때문입니까? 당신은 이것을 말하지 않을 것입니다. 그리고 우리가 당신을 파괴할 권리가 있다고 생각하기 때문에 당신이 우리를 파괴할 권리가 있다고 생각합니까? 그리고 당신의 나라가 당신에게 있는 한? 참된 덕을 가르치는 교수님이시여, 당신이 이 것에 정당한 척? 당신과 같은 철학자는 우리 나라가 어머니나 아 버지나 그 어떤 조상보다 더 소중하고 더 높고 거룩하며, 신들과 지식인들의 눈에 더 많이 보여진다는 것을 발견하지 못했습니까?

또한 아버지보다 더 화나면 달래고 온화하고 경건하게 구하 고, 설득할 것인가, 설득하지 않으면 복종할 것인가? 그리고 우리가 그녀에게 형벌을 받을 때 투옥이든 채찍이든 간에 그 형벌 은 묵묵히 견뎌야 합니다. 그녀가 전투에서 우리를 부상이나 죽 음으로 이끈다면, 우리는 옳은 대로 따라갑니다. 누구든지 자 신의 지위를 양보하거나 후퇴하거나 자리를 떠날 수 없습니다. 그 러나 전투에서나 법정에서나 다른 어떤 장소에서든 그는 그의 도 시와 국가가 명령한 대로 해야 합니다. 아니면 정의에 대한 그들 의 견해를 바꾸어야 합니다. '그가 그의 아버지나 어머니에게 폭 력을 행사하지 않는다면, 그의 나라에 폭력을 행사할 수는 없을 것입니다.' 이에 대해 우리는 어떤 대답을 해야 할까요, 크리토? 법은 진실로 말합니까, 그렇지 않습니까?

■ 크리토

초역 소크라테스의 말

애통하기보다는
영광을

우리 중 일부는 아직 살아 있는 아버지와 어머니가 있으며, 만일 우리가 죽을 것 같으면 그들에게 가능한 한 가벼운 마음으로 재난을 짊어지고 서로 위로하지 말라고 촉구합니다. 왜냐하면 그들에게는 슬픔이 충분히 있고 그들을 격동시킬 사람이 필요하지 않기 때문입니다. 우리가 그들의 상처를 부드럽게 치유하는 동안, 하나님께서 그들의 기도의 대부분을 들으셨다는 것을 상기시키도록 합시다. 이는 그들이 기도한 것은 그들의 자녀가 영원히 살기 위함이 아니라 그들이 용감하고 명성을 얻게 하기 위함이었습니다. 그리고 이것이 그들이 얻은 가장 큰 선입니다. 필멸의 인간은 자신의 삶에서 모든 것이 자신의 뜻대로 되기를 기대할 수 없습니다. 그리고 만일 그들이 그들의 불행을 용감하게 견뎌낸다면 그들은 진정으로 용감한 자의 용감한 아버지로 간주될 것입니다. 그러나 그들이 슬픔에 굴복한다면, 그들이 우리의 부모가 아닌 것으로 의심되거나 우리가 우리의 창시자들이 선언한 바와 같지 않다는 의심을 받을 것입니다. 두 가지 대안 중 어느 것도 일어나지 않도록 하고, 오히려 그들이 진정한 남자임을 삶으로 보여주고 아들을 위해 우리의 최고이

자 진정한 창시자가 되도록 하십시오. 옛말에 "아무것도 과하지 않다"는 말이 사실인 것처럼 보였고 실제로도 그랬습니다. 왜냐하면 가능한 한 온전히 자기 자신에게 행복이 있는 사람, 그렇지 않은 경우 가능한 한 다른 사람에 대한 불안에 매달리거나 그들의 운에 따라 변화하지 않는 사람은 자신의 삶에 베스트를 다하는 사람입니다. 그는 절제하고 용감하며 현명합니다. "그의 재물이 오고 갈 때, 그의 자녀들이 주어졌다가 빼앗길 때, 그는 속담을 기억할 것이다 –" 애통하기보다는 영광을 받아야 합니다. 그리고 그들이 우리의 아내와 아이들을 돌보고 양육하는 데 마음을 기울인다면 그들은 곧 불행을 잊고 더 훌륭하고 고상하게 살며 우리를 더 사랑하게 될 것입니다.

■ 메네시우스

너희 부모들은
스스로 담대하라

죽은 자의 자녀들과 부모들이여, 이것이 그들이 우리에게 여러분에게 전하라고 명한 메시지이며, 저는 가장 진지하게 전합니다. 그리고 자녀들아, 나는 그들의 이름으로 너희 조상들을 본받기를 권하노니, 너희 부모들은 스스로 담대하라. 우리 중 한 사람이 죽은 자의 부모 중 한 명을 만날 수 있는 모든 곳에서 우리가 당신의 나이를 먹여 살리고 공개적으로나 개인적으로 당신을 돌볼 것이기 때문입니다. 그리고 도시가 보여주는 당신을 돌보는 것은 당신 자신을 알고 있습니다. 그녀는 전쟁에서 사망한 사람들의 부모와 자녀에 관해 법으로 규정했기 때문입니다. 최고 권위는 다른 모든 시민보다 그들을 보호할 의무를 특별히 위임받았으며, 그들은 당신의 부모가 그들에게 잘못한 것이 없다는 것을 알게 될 것입니다. 도시 자체가 아이들의 교육에 참여하며, 가능한 한 아이들이 고아임을 느끼지 않기를 바랍니다. 그들이 아이들일 때 그녀는 그들에게 부모이고, 그들이 남자의 지위에 도착했을 때 그녀는 그들을 완전한 갑옷을 입은 그들의 여러 임무에 보냅니다. 그리고 그들의 마음에 그들의 아버지의 길을 새롭게 떠올리게 하고, 그녀는 그들의 손에 그들의 아버지의 미덕

초역 소크라테스의 말

의 도구를 맡깁니다. 징조를 위해, 그녀는 처음부터 그들이 아버지의 힘과 팔로 배열된 자신의 집을 통치하게 할 것입니다. 그리고 죽은 자들에 관해서도 그녀는 그들을 존경하기를 쉬지 않고, 각자의 소유가 되는 모든 의식을 공동으로 거행합니다.

이 외에도 체조 및 승마 대회 개최, 그리고 모든 종류의 음악 축제. 그녀는 아들과 상속인 대신 죽은 자들에게, 아버지 대신에 그들의 아들들, 항상 그리고 항상 그들을 돌보는 보호자 대신에 그들의 부모와 친척들입니다. 이것을 고려할 때, 당신은 더 부드럽게 당신의 재난을 견뎌야 합니다. 이와 같이 당신은 죽은 자와 산 자들에게 가장 사랑을 받을 것이며, 당신의 슬픔이 치유되고 치유될 것입니다.

■ 메네시우스

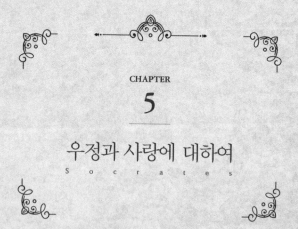

CHAPTER

5

우정과 사랑에 대하여
S o c r a t e s

인간의
본성은

인간의 본성은 원래 하나였고 우리는 전부였고, 전체의 추구는
사랑이라고 부른다.

■ 플라톤, 심포지엄

우정에
대하여

우정을 쌓을 때는 천천히 하라. 그러나 벗이 될 때는 확고하고 꾸준함을 유지하라.

우정을 나눌
친구를 사귈 때는

우리가 누군가를 친구로 사귀기로 결심했을 때, 토끼사냥할 때처럼 바짝 뒤쫓아서도 안되고, 새 사냥할 때처럼 속임수를 써서도 안 된다. 또 적군을 잡을 때처럼 폭력을 써서도 안 된다. 본인의 의사에 반해 누군가를 친구로 삼는다는 것은 힘든 일이며, 노예처럼 묶어두기도 어려운 일이다. 우리가 그렇게 대하면 그는 친구가 아니라 적이 될 테니까.

■ 크세노폰, 소크라테스의 회상

연인의
심리에 대해서

연인은 모든 사람에게 충분히 분명하게 드러나는 것을 가장 먼저 보게 될 것이며, 무엇보다도 자신의 사랑하는 사람에게서 가장 소중하고 가장 훌륭하고 가장 신성한 소유물인 아버지, 어머니, 친척, 친구, 그는 그들이 가장 달콤한 대화를 방해하거나 책망할 수 있다고 생각합니다. 그는 자신의 금, 은 또는 기타 재산을 질투하는 눈으로 쳐다보기까지 합니다. 왜냐하면 이러한 재산은 그를 덜 쉽게 먹이로 삼고 잡힐 때 다루기 어렵게 만들기 때문입니다. 그러므로 그는 필연적으로 그것들을 소유한 것을 불쾌하게 여기고 그들의 상실을 기뻐합니다. 그는 그가 아내가 없기를 원하고, 무자녀, 노숙자도 포함됩니다. 그리고 더 오래, 더 오래, 더 오래 그가 이 모든 것, 더 오래 그를 즐길 것입니다.

■ 파이드로스

쾌락만
쫓다 보면

젊은이여, 쾌락만 쫓다 보면 어떤 꼴을 당할 것 같은가? 자유로운 인간이 당장 노예가 되고, 많은 자산을 쓸데없이 탕진하고, 고상하고 유익한 일에 써야 할 많은 시간을 빼앗기고, 미친 사람처럼 허튼 일에 열중하게 되지 않겠는가?

■ 플라톤, 향연

사랑의
진실 문제

나는 영감받은 광기에서 비롯된 다른 많은 고귀한 행동에 대해 말할 수 있습니다. 그러므로 누구도 영감을 받은 것보다 절제하는 친구를 선택해야 한다고 말함으로써 우리를 두렵게 하거나 설레게 해서는 안 됩니다. 그러나 사랑은 연인이나 사랑하는 사람에게 어떤 유익을 위해 신에 의해 보내진 것이 아님을 더 보여주십시오. 그가 그렇게 할 수 있다면 우리는 그가 손바닥을 떼도록 허용할 것입니다. 그리고 우리는 그에 대한 대답으로 사랑의 광기가 하늘의 가장 큰 축복이며 그 증거는 지혜로운 자는 받을 것이고 어리석은 자는 믿지 않는다는 것을 증명할 것입니다. 그러나 무엇보다 먼저 영혼의 신적, 인간적 애정과 행위를 보고 그에 대한 진실을 알아보도록 합시다.

■ 파이드로스

그 노래를
들은 사람들은

나의 미덕에는 아름다운 여인에게 손을 뻗쳐서 머무는 것은 없다네. 나는 인간이 스퀼레^{주)} 에게서 도망하는 것은 이것이 손을 뻗치기 때문이라고 확신하고 있네. 그러나 진정한 사랑은 아무에게도 손을 뻗치지 않고 멀리서 모든 자에게 노래로 말을 걸어오는 것이라네. 그러면 누구나 발을 멈추고 노래를 듣게 되고, 일단 그 노래를 들은 사람들은 곧 매혹되고 마는 것이라네.

■ 플라톤, 카르미데스

좋은 친구만큼
자네가 좋아하는 것은

자네는 친구를 중요하게 여겨 좋은 친구만큼 자네가 좋아하는 것은 없다고 믿고, 친구의 공적을 자신의 공적에 못지않게 자랑으로 여기고 있는가? 친구의 재보(財寶)를 자신의 재보에 못지않게 소중히 여겨 친구가 이것을 얻도록 도움을 주는 데 피로를 느낄 줄 모르는가? 자네가 최선의 인물을 친구로 삼아 일의 협력자나 조력자로 삼는다면 반대자로 삼지 않는 편보다 어째서 이익이 아닐 수가 있겠는가?

■ 플라톤, 향연

주) 스퀼레=《오딧세이아》 중의 카립디스와 함께 좁은 해협에서 사는 바다의 괴물. 그 괴물은 세 겹의 이빨을 가진 여섯 개의 머리와 열두 개의 다리가 있었으며, 배가 다가오면 한꺼번에 다섯 사람의 선원을 잡아먹었다. 《오딧세이아》 12권 85 이하에 나온다.

초역 소크라테스의 말

뜨거운
사랑에는

가장 큰 홍수에는 가장 빠른 썰물이 있습니다. 가장 심한 폭풍우 가장 갑작스러운 고요함; 가장 뜨거운 사랑 가장 차가운 끝; 그리고 가장 깊은 욕망에서 종종 가장 치명적인 증오가 뒤따릅니다.

하늘의
축복

연인의 우정이 너에게 줄 하늘의 축복은 이처럼 크구나, 나의 젊음이여. 비연인의 애착은 세속적인 신중함과 결합되어 세속적이고 인색한 방법으로 이익을 베푸는 데 대중이 갈채하는 천박한 특성을 당신의 영혼에 낳을 것이며, 이는 당신이 일정 기간 동안 지구에서 볼링을 치게 할 것입니다. 구천 년의 세월을 보내고 당신을 아래 세계에 바보로 남겨 두십시오.

■ 파이드로스

가장
필요한 것

가장 사랑하기 어려운 사람들은 그것을 가장 필요로 한다.

아름다움의
특권

그러나 아름다움에 관해서는 우리가 그곳에서 그녀가 천상의 형태와 함께 빛나는 것을 보았다는 것을 다시 한 번 반복합니다. 그리고 지상에 와서 우리는 여기에서도 그녀를 발견합니다. 그녀는 가장 선명한 감각의 구멍을 통해 선명하게 빛나고 있습니다. 시각은 우리의 신체 감각 중 가장 꿰뚫는 감각이기 때문입니다. 그것으로 지혜가 보이지는 않지만; 그녀의 눈에 보이는 이미지가 있었다면 그녀의 사랑스러움이 전해졌을 것이고, 다른 생각들이 눈에 보이는 대응물이 있었다면 똑같이 사랑스러웠을 것입니다. 그러나 이것은 아름다움의 특권이며, 가장 사랑스러운 그녀는 또한 가장 눈에 띄는 것입니다. 이제 새로 시작하지 않았거나 타락한 사람은 이 세상에서 쉽게 다른 세상에서 진정한 아름다움을 볼 수 없습니다.

■ 파이드로스

당신의 결점을
친절하게 책망하는 사람

당신의 모든 말과 행동을 칭찬하는 신실한 사람이 아니라, 당신의 결점을 친절하게 책망하는 사람을 생각하라.

생각의
영역

가장 높은 생각의 영역은 먼저 연민에 대한 이해를 얻지 않고는
도달할 수 없다.

사랑이라고
불리는 감정

욕망은 이성을 거부하고 이성을 지배하는 판단력을 가지고 있다. 아름다움이 영감을 줄 수 있는 쾌락의 방향으로 향할 때, 그리고 다시 그 종류의 욕망의 영향을 받아 육체적 형태의 아름다움을 향해 격렬한 움직임으로 움직일 때, 이 폭력적인 움직임으로부터 성을 획득하고, 사랑이라고 불리는 감정이 생긴다.

날개는 신과 가장 유사한
물질적 요소

날개는 신과 가장 유사한 물질적 요소이며, 본성상 높이 치솟고 아래로 중력을 끌어당기는 것을 신들의 거주지인 위쪽 지역으로 운반하는 경향이 있습니다. 신은 아름다움, 지혜, 선함 등입니다. 이로써 영혼의 날개는 영양을 공급받고 빠르게 성장합니다. 그러나 악과 더러움과 선의 반대를 먹을 때 낭비되고 타락합니다. 강력한 군주인 제우스는 날개 달린 병거의 고삐를 잡고 하늘의 길을 인도하여 모든 것을 명령하고 모든 것을 돌봅니다.

■ 파이드로스

친구를
사귀는 법

단순한 칭찬으로 친구를 사귀지 말고 합리적인 사랑의 표시로
친구를 사귀십시오.

미끼

아름다움은 기쁨으로 사람을 유혹하여 자신의 종류를 늘리는 미끼다.

친교와
친밀함

그러므로 신처럼 그의 연인으로부터 모든 진실하고 충성스러운 봉사를 겉치레가 아니라 실제로 받은 사랑받는 사람은 이전에 자신의 열정을 소유하기 위해 얼굴을 붉혔더라면 자신을 숭배하는 사람에게 친근한 본성이기도 했습니다. 그의 젊은 동료들이나 다른 사람들이 그에게 그가 수치를 당할 것이라고 중상적으로 말했기 때문에 그의 연인을 버렸고, 이제 세월이 흐르면 지정된 나이와 시간에 그를 영접하도록 인도됩니다. 악한 사람들 사이에는 우정이 없을 것이라고 정한 운명은 선한 사람들과도 우정이 영원히 있게 될 것이라고 약속했기 때문입니다. 그리고 사랑하는 사람은 그를 친교와 친밀함으로 받아들였을 때 그 애인의 호의에 매우 놀랐습니다. 그는 영감받은 친구가 다른 모든 친구나 친족에게 가치가 있음을 인식합니다. 그들에게는 그와 비교할 만한 우정이 전혀 없습니다.

■ 파이드로스

참된
교환

한 가지 두려움이나 쾌락이나 고통을 다른 두려움이나 쾌락이나 고통으로 바꾸는 것, 동전과 같이 측정되며 크면 클수록 미덕을 교환하는 것이 아닙니다. 오, 나의 사랑하는 심미아스, 모든 것이 교환되어야 하는 하나의 진정한 동전이 있지 않은가? 그것이 바로 지혜입니다. 그리고 이것과 교환하고 이것과 함께 할 때만 용기, 절제, 정의 등 진정으로 사고 팔 수 있습니다. … 참된 교환에는 이 모든 것의 정화가 있으며 절제와 정의와 용기와 지혜 자체가 그것들의 정화입니다.

■ 파이돈

이 힘으로부터
이름을 받은 사랑

사랑은 욕망이라는 것은 누구나 알고 있고, 연인이 아닌 사람은 아름답고 선한 것을 갈망한다는 것도 압니다. 이제 연인이 아닌 사람과 구별되는 것은 어떤 방식으로 이루어져야 할까? 우리 각자에게는 그들이 원하는 방향으로 우리를 인도하는 두 가지 지침과 지배 원칙이 있습니다. 하나는 즐거움의 자연스러운 욕망이고, 다른 하나는 최상의 것을 갈망하는 획득된 의견입니다. 이 두 가지는 때로는 조화를 이루고 다시 전쟁에서, 때로는 다른 하나는 때로는 정복합니다. 이성의 도움에 의한 의견이 우리를 최선으로 인도할 때, 정복 원칙은 절제라고 불립니다. 그러나 이성이 결여된 욕망이 우리를 지배하고 즐거움으로 끌고 갈 때, 그 오용의 힘을 과잉이라고 합니다. 이제 과잉에는 많은 이름과 많은 구성원이 있습니다. 그리고 많은 형태가 있으며, 이러한 형태 중 하나는 이름의 소지자에게 명예롭지도 신용할 수도없는 이름을 부여합니다. 예를 들어, 더 높은 이성과 다른 욕망 중 더 나은 것을 먹는 탐욕을 탐식이라 하고, 그것에 사로잡힌 자를 탐식이라 합니다. 술에 대한 욕망의 소유자를 일으키게 하는 술에 대한 압제적인 욕망은 너무도 명백한 이름을 가지고 있으며,

같은 가족의 다른 식욕을 어떤 이름으로 부를지 거의 의심의 여지가 없습니다. 우세하게 된 것의 이름. 그리고 이제 나는 당신이 내 담론의 표류를 인식할 것이라고 생각합니다. 그러나 모든 입의 말은 말하지 않은 것보다 더 분명합니다. '바로 이 힘으로부터 이름을 받는 것을 사랑(에로스)이라고 부릅니다.'

■ 파이드로스

아름다움에
대하여

절대적인 아름다움 외에 아름다운 것이 있다면, 그것은 그것이
완전한 아름다움을 취할 때에만 아름다울 수 있으며, 나는 이것
을 모든 것에 대해 말해야 합니다. … 아름다움으로 모든 것이 아
름다워집니다. … 위대함을 통해서만 큰 것은 점점 커지고 커지고
작아지고 작아지면 작아집니다.

■ 파이돈

열정의
희생자

그의 열정의 희생자이자 쾌락의 노예인 사람은 물론 사랑하는
사람을 가능한 한 기분좋게 만들고 싶어합니다. 마음이 병든 자
에게는 무엇이든 반대하지 않는 것이 좋지만 평등하거나 우월한
것은 그에게 미움을 받으므로 따라서 연인은 사랑하는 사람의
우월감이나 평등을 포기하지 않을 것입니다. 그는 항상 그를 열
등하게 만드는 데 사용됩니다. 그리고 무지한 자는 현자보다 열
등하고, 용감한 자는 겁쟁이이며, 말하는 자의 말이 느리고, 똑
똑한 자는 둔합니다. 이것들은 사랑하는 사람의 정신적 결함입
니다. 결함은 본성으로 심어지면 연인에게 필연적으로 기쁨이 되
며, 심어지지 않을 때 그는 일시적인 기쁨을 빼앗기지 않는다면
그에게 이식해야 합니다. 그러므로 그는 질투하는 것을 도울 수
없으며, 사랑하는 사람을 그 사람으로 만들 수 있는 사회의 이
점, 특히 그에게 지혜를 준 사회로부터 벗어날 것이며, 따라서 그
는 그에게 큰 해를 끼치지 않을 수 없습니다. 다시 말해서, 그가
그의 눈에 멸시를 당하지 않을까 하는 과도한 두려움으로 그는
그에게서 신성한 철학을 추방하지 않을 수 없게 될 것입니다. 그
가 그에게 입힐 수 있는 이보다 더 큰 상처는 없습니다. 그는 그

의 사랑하는 사람이 완전히 무지하고 모든 일에서 그를 바라보
도록 고안할 것입니다. 그는 사랑하는 사람의 마음을 기쁘게 하
고 그 자신에게는 저주가 될 것입니다.

■ 파이드로스

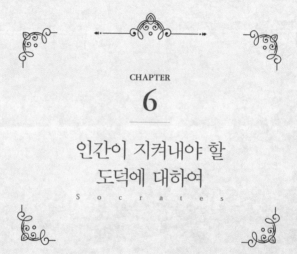

CHAPTER

6

인간이 지켜내야 할
도덕에 대하여

Socrates

결코 내 방식을
바꾸지 않을 것임을

아테네 사람들이여, 나는 당신들을 존경하고 사랑한다. 그러나 나는 당신들보다 신에게 순종할 것이며, 내가 생명과 힘을 가지고 있는 한 철학의 실천과 가르침을 결코 멈추지 않을 것이다. 내가 여러 번 죽게 되더라도 결코 내 방식을 바꾸지 않을 것임을 이해하시라.

■ 소크라테스의 변명

철학의
진정한 제자는

철학의 진정한 제자는 다른 사람들에게 오해를 받기 쉽습니다. 그들은 그가 항상 죽음과 죽음을 추구하고 있다는 것을 인식하지 못합니다. 이것이 사실이라면 평생 동안 죽음에 대한 갈망을 품어온 그가 항상 추구하고 갈망해 온 것을 원망해야 하는 이유는 무엇입니까?

■ 파이돈

내가
죽더라도

이제 아테네 사람들이여, 나 자신을 위해서가 아니라, 어떤 사람들이 생각하는 것처럼, 당신들이 나를 비난함으로써 신의 선물에 대해 실수를 저지르지 않도록, 나는 나 자신을 변호해야 합니다. 만일 당신들이 나를 죽인다면, 싸잡아 비난할 다른 사람을 쉽게 찾을 수 없을 것입니다. 그리고 내가 죽더라도 신은 나를 이 도시에 머물게 할 것입니다. 나는 하루 종일 당신들 한 사람 한 사람을 찾아서 배회하는 것을 멈추지 않을 것입니다.

■ 소크라테스의 변명

나는 굴복하지
않을 것이다

나는 항복하지 않을 겁니다. 즉시 죽는다 할지라도 죽음이 두려워 누구에게도 옳은 것을 거스르는 일에 굴복하지 않을 것입니다. 나나 다른 어떤 사람도 재판을 받거나 도중에 어떤 대가를 치르더라도 죽음을 피하려고 해서는 안 됩니다.

초역 소크라테스의 말

고귀한 자유가
있는 방식

논쟁에 접근하는 방식에는 고귀한 자유가 있습니다. 당신이 말하는 것은 세상 사람들이 생각하지만 말하기를 좋아하지 않기 때문입니다. 그리고 인간 생활의 진정한 규칙이 나타날 수 있도록 인내하기를 간청해야 합니다. 그렇다면 나에게 말해 주시오. 당신은 올바르게 발달된 사람에게 있어 욕망이 통제되어서는 안 되며, 우리가 그것을 최대한으로 성장시켜 어떻게든 충족시켜야 한다고 말하며, 이것이 미덕이라고 말합니까?

■ 고르기아스

무엇보다도
사려가 깊어야 하고

훈련과 복종이 중요한 군대에서 적당치 못한 인간이 군을 지휘하면 모든 것이 엉망이 되고 말지. 그 분야에 능숙한 자가 아니라면 비파를 연주하거나, 가무나 무용하는 사람들을 가르칠 수가 없는 것이라네. 또 씨름과 레슬링 선수들의 지도자가 될 수 없다는 것을 자네는 보지 않았는가? 이런 사람들을 지휘하고 감독하는 사람들은 그들이 어디서 감독하는 기술을 배웠는가를 말할 수 있을 것이네. 그런데 대부분의 장군들은 자기 스스로 공부하고 있다네. 하지만 나는 자네가 이런 인간이라고는 생각하지 않아. 지도자가 되려는 사람은 무엇보다도 사려가 깊어야 하고 미덕을 갖추어야 한다고 믿네. 나는 자네가 열등한 사람이 아니며 분명히 언제 장군학을, 언제 씨름을 배우기 시작했는가를 말할 수 있으리라고 생각하네.

■ 크세노폰, 소크라테스의 회상

명예롭게 사는
가장 좋은 방법

이 세상에서 명예롭게 사는 가장 좋은 방법은 우리가 가장하고
싶은 일을 하는 것이다.

아름답고 좋은 것을
아는 사람은

올바른 것과 그 밖의 미덕에 따라 행해지는 모든 것은 아름답고 좋은 것이다. 아름답고 좋은 것을 아는 사람은 다른 것은 선택하지 않을 것이며, 아름답고 좋은 것을 모르는 사람은 그런 것을 행할 수 없으며, 설령 행하려 하더라도 실패할 것이다. 그러니 지혜로운 사람은 아름답고 좋은 것을 행하고, 지혜롭지 못한 사람은 그런 것을 행할 수 없고 행하려 해도 실패하는 것이다. 그래서 올바른 것과 그 밖의 아름답고 좋은 것은 모두 미덕에 따라 행해지기에, 정의와 그 밖의 다른 미덕은 모두 지혜라는 부른다.

■ 플라톤, 고르기아스

자신의 정신을
돌보도록 하라

친구야 … 자신의 정신을 돌보도록 하라 … 너 자신을 알게 되면
우리가 우리 자신을 알게 되면 우리는 스스로를 돌보는 법을 배
울 수 있기 때문이다.

당신 자신이
되는 것

정신은 모든 것이다. 당신이 생각하는 당신이 되는 것이다.

좋은 평판을
얻는 방법

당신의 명성을 당신이 소유할 수 있는 가장 부유한 보석으로 여기시라. 평판은 불과 같기 때문이다. 한 번 불을 붙이면 쉽게 보존할 수 있지만 한 번 불을 끄면 다시 불을 붙인다는 것은 힘든 일이다. 좋은 평판을 얻는 방법은 자신이 보이고 싶은 것이 되려고 노력하는 것이다.

현명한
사람

죄목이 뭐죠? 음, 매우 심각한 혐의입니다. 그것은 그 젊은이의 성격을 잘 보여주며, 그 때문에 멸시를 받아서는 안 될 것입니다. 그는 젊은이들이 어떻게 타락했고 누가 그들을 타락시켰는지 안다고 말합니다. 나는 그가 현명한 사람임에 틀림없다고 생각했는데 그는 나를 찾아냈고, 내가 그 젊은 친구들을 타락시켰다고 비난했습니다. 이것에 대해 우리 어머니 국가가 판사결할 것입니다. 우리의 모든 정치인들 중에서, 그는 나에게 올바른 방법으로, 젊었을 때 덕을 기르고, 올바른 방법으로 시작하는 것처럼 보이는 유일한 사람입니다. 좋은 놀부처럼, 그는 젊은이를 첫 번째 보살핌으로 삼고, 그들을 파괴하는 자들을 척결할겁니다. 이것은 단지 첫 번째 단계일 뿐입니다. 그는 나중에 장로회의에 참석할 것입니다. 그가 시작한대로 계속한다면, 그는 매우 훌륭한 공적 후원자가 될 것입니다.

■ 에우튀프로

상처를
입었을지라도

상처를 입은 사람은 그 상처를 되돌려주지 말아야 한다. 어떤 이유로도 불의한 일을 하는 것은 옳지 않다. 우리가 상대에게 얼마나 많은 고통을 받았든지 간에, 그 상처를 되돌려 주거나, 어떤 사람에게도 악을 행하는 것은 옳지 않다.

놈팽이

아무것도 하지 않는 사람은 게으른 사람일 뿐만 아니라 더 나은 일을 하지 못하는 백수의 신세를 면하지 못하는 놈팽이에 지나지 않는다.

원하지
않는 것

그렇다면 우리는 단순히 사람을 죽이거나 그를 추방하거나 그의 재산을 약탈하려는 것이 아니라 우리의 이익에 도움이 되는 일을 할 것이며, 그 행위가 우리의 이익에 도움이 되지 않는다면 그렇게 하지 않을 것입니다. 왜냐하면 당신이 말하는 것처럼 우리는 우리의 선이 되는 것을 할 것이지만, 선하지도 않고 악하지도 않고 단순히 악하지도 않은 것은 원하지 않기 때문입니다.

■ 고르기아스

시민 사회의
문제에 대해서

돈과 명예는 선량한 사람들에게는 매력이 없다. 그들은 공공
연하게 대가를 요구하거나, 공공 수입에서 몰래 자신의 배를 채
우다 도적이라는 이름을 얻지 않는다. 그리고 야망이 없는 그들
은 명예에도 신경 쓰지 않는다. 그들은 불의를 저질러 벌을 받는
것을 두려워하여 정직을 섬긴다. 이것이 내가 주장하는 바와 같
이, 선량한 사람들이 누구에게 무엇을 강요하기를 싫어하고 또한
권력을 추구해서 남에게 그 무엇을 강요하는 것을 불명예스럽게
여기는 이유다. 문제는 권력을 거부하는 사람은 자신보다 못한
사람에 의해 통치되기 쉽다는 점이다. 그래서 나는 선량한 사람
들이 집권하도록 교육하고 유도해야 한다고 말한다. 왜냐하면 그
들 자신이 어떤 이익이나 권력때문이 아니라 순리와 필요에 따라
이웃을 다스리도록 유도해야 한다는 것이다. 만약 도시가 전적으
로 선량한 사람들로 구성되어 있다면 그들끼리 서로 공직에 취임
하는 것만큼 온당한 일은 없다.

거짓말에
대해서

거짓말은 그 자체로 악할 뿐만 아니라 악으로 영혼을 감염시킵니다.

부끄럽지
않은가?

당신은 거창한 것만 쌓아 올리는 것이 부끄럽지 않은? 돈과 명예와 명성만 추구하고, 지혜에 대해서는 거의 관심이 없으니, 진리와 영혼의 가장 위대한 개선은 어디에?

미덕의
의미

나는 여러분을 존경하고 사랑합니다. 그러나 위대하고 강력한 국가의 시민인 여러분은 왜 그렇게 많은 돈과 명예와 명성을 쌓는 데만 관심을 기울이고, 지혜와 진리와 영혼의 발전을 이루는 데는 왜 그토록 소홀한가요? 부끄럽지 않으십니까? 나는 여러분을 설득하여 여러분이 자신의 재산과 명예보다 영혼의 융성과 개선에 관심을 기울이도록 하는 것을 제안합니다. 나는 여러분에게 미덕은 더 많은 것에 의해 주어지는 것이 아니라, 미덕으로부터 부와 인간의 다른 선한 것이 나온다는 것을 말씀드리고 싶습니다.

초역 소크라테스의 말

좋은 평판을
얻는 방법

좋은 평판을 얻는 방법은 당신이 원하는 대로 보이려고 노력하는 것이다.

전쟁과
혁명의 까닭

전쟁과 혁명 그리고 전투는 단순히 몸과 몸의 욕망에 기인한다.
모든 전쟁은 재물의 획득을 위해 수행된다. 우리가 재물을 얻어
야 하는 이유는 몸이 섬기는 종이기 때문이다.

모두
한 가지

착하고 아름답고 정의롭게 사는 것은 모두 한 가지입니다.

두 가지 지배하고
지시하는 원칙

우리 각자에게는 두 가지 지배하고 지시하는 원칙이 있습니다. 우리는 그 원칙이 이끄는 대로 따라야 합니다. 하나는 쾌락의 타고난 욕망입니다. 다른 하나는 탁월함을 갈망하는 획득된 판단력입니다.

■ 파이드로스

쓸데없는
논쟁을 즐긴다면

만약 당신이 계속해서 쓸데없는 논쟁을 즐긴다면 당신은 소피스트들과 싸울 자격이 있을 수 있지만 사람들과 함께 사는 법을 결코 알지 못할 것입니다.

정리하고 싶은
요점

왜냐하면 당신이 위대한 도시가 자연의 법칙에 따라 작은 도시를 공격한다고 말할 때 암시하는 것처럼, 나는 당신이 말하는 것을 이해할 수 없습니다. 그들은 우월하고 강하기 때문에 마치 우월하고 강하고 더 나은 것이 또한 열등하고 약하며, 우월한 것이 더 나쁠 수 있는지, 또는 더 나은 것이 우월한 것과 같은 방식으로 정의되어야 하는지, 이것이 내가 정리하고 싶은 요점입니다. 우월한 것과 더 나은 것과 더 강한 것은 같은 것인가 다른 것인가?

■ 고르기아스

실패에
대하여

넘어지는 것은 실패가 아니다. 실패는 넘어진 곳에 머물 때 찾아온다.

내가
의도하지 않은

내가 그들을 타락시키지 않거나, 내가 의도하지 않게 그들을 타락시키거나, 그래서 그 사건을 보는 어느 쪽이든 당신은 거짓말을 한다. 만일 내가 의도하지 않은 범죄를 저질렀다면 법에는 의도하지 않은 범죄를 인식하지 못한다. 당신은 나를 개인적으로 받아들이고 경고하고 훈계했어야 했다. 내가 더 나은 조언을 받았더라면, 나는 의도하지 않은 일만 하는 것을 그만뒀어야 했다. 의심할 여지 없이 그래야 했다. 반면에 당신은 나와 대화하거나 나를 가르치는 것을 싫어했지만, 당신은 이 법정에서 나를 기소하였는데, 그것은 가르침이 아니라 형벌의 장소이다.

■ 소크라테스의 변명

맹인

이해되지 않고 혼자만의 진실된 견해를 가진 자는 바른 길을 가
는 맹인과 같다.

■ 플라톤, 공화국

내가 혀를 참을 수
없다고 말하면

누군가는 이렇게 말할 것입니다. "소크라테스 씨. 나는 당신의 혀를 참을 수 없습니다. 당신은 외국 도시에 갈 수 있고 아무도 당신을 방해하지 않을 것입니다." 이제 나는 당신의 말에 대한 나의 대답을 만드는 데 큰 어려움을 겪고 있습니다. 이는 내가 당신에게 이것이 신의 명령에 대한 불순종이며 따라서 내가 혀를 참을 수 없다고 말하면, 당신은 내가 진지하다는 것을 믿지 않을 것입니다. 그리고 내가 만일 인간의 가장 좋은 점은 덕에 대해 매일 대화를 나누는 것과 나 자신과 다른 사람들을 검토하는 것, 그리고 검토되지 않은 삶은 살 가치가 없다고 말하는 것이라면, 당신은 여전히 믿지 않을 것입니다.

■ 소크라테스의 변명

당신들은
오산을 하고 있는 것입니다

그리고 내가 죽임을 당한 당신들에게 예언하노니 당신들이 나에게 가한 것보다 훨씬 더 무거운 형벌이 내가 죽은 직후에 반드시 너희를 기다리리라. 당신들은 고발자를 피하고 당신들의 삶에 대해 설명하지 않기 위해 나를 죽였습니다. 그러나 그것은 당신들이 생각하는 것과 같지 않을 것입니다. 내가 말하노니 당신들을 고발하는 자가 지금보다 많으리라. 내가 지금까지 참아왔던 고발자들이 젊을수록 당신들에게 더욱 가혹할 것이요 당신들은 그들을 대하여 더욱 노하게 되리라. 당신들이 사람을 죽임으로써 삶을 검열하는 고발자를 피할 수 있다고 생각한다면 당신들은 오산을 하고 있는 것입니다. 그것은 명예로운 탈출구가 아닙니다. 가장 쉽고 고귀한 길은 남을 짓밟는 것이 아니라 자신을 발전시키는 것입니다.

■ 소크라테스의 변명

순수의
경지

현세에서 우리는 육신에 대한 관심이나 관심이 가장 적고 육신의 본성에 젖지 않고 신이 기뻐하실 때까지 순수하게 남아 있을 때 지식에 가장 가까이 접근한다고 생각합니다. 그러면 몸의 어리석음이 제거될 것이며 우리는 깨끗할 것이며 다른 순수한 영혼들과 대화를 나누게 될 것이며, 모든 곳에서 우리 자신에 대해 분명한 빛을 알게 될 것입니다. 이것은 분명히 진리의 빛입니다. 불결한 것은 순수한 것에 접근할 수 없기 때문입니다. 이것은 진정한 지혜를 사랑하는 사람들이 서로 말하고 생각하지 않을 수 없는 종류의 말입니다.

■ 파이돈

인간혐오는 인간에 대한
지식이 없기 때문

인간을 혐오하는 사람이 있는 것처럼, 사상을 혐오하는 사람도 있는데 그것은 둘 다 같은 원인, 즉 세상에 대한 무지에서 비롯됩니다. 무지와 미숙함은 경험은 부족한데도 불구하고 그런 성향의 사람은 지나친 자기 확신에 사로잡혀 있습니다. 그런 사람은 사람을 신뢰하고 스스로 전적으로 참되고 선하고 충실하다고 생각하지만 잠시 후 그는 거짓되고 교활한 것으로 판명됩니다. 그런 다음 또 다른 사람, 특히 가장 신뢰할 수 있는 친구들의 범위 내에서 이런 일이 여러 번 발생했을 때, 그가 그들을 생각하고 자주 그들과 말다툼을 하게 되면 그는 마침내 모든 사람을 미워하게 됩니다. 그에게 좋은 점은 전혀 없습니다. … 그 이유는 사람이 다른 사람을 상대하는 데 있어서 인간에 대한 지식이 없기 때문입니다. 왜냐하면 그가 지식이 있었다면 그는 상황의 진정한 상태, 즉 선한 사람은 적고 악한 사람은 적으며 대다수는 그 사이에 있다는 사실을 알았을 것이기 때문입니다.

■ 파이돈

질서와 철학으로
이끄는 마음

질서와 철학으로 이끄는 마음의 더 나은 요소가 우세하다면 그들은 행복과 조화 속에서 삶을 살아갑니다. 그리고 끝이 오면, 그들은 가볍고 비행을 위해 날개를 달고 세 번의 하늘 또는 진정한 올림픽 승리 중 하나에서 정복했습니다. 또한 인간의 훈련이나 신성한 영감은 인간에게 이보다 더 큰 축복을 줄 수 없습니다. 반면에 그들이 철학을 떠나 야망의 저급한 삶을 영위한다면 아마도 술을 마신 후나 다른 부주의한 시간에 두 개의 방탕한 동물이 방심했을 때 두 영혼을 데려가 함께 하게 되고, 많은 사람들에게 행복인 그들의 마음의 열망, 그리고 이것을 한 번 즐겼다면 그들은 계속해서 즐기지만, 온 영혼의 승인을 얻지 못하기 때문에 드물게 그렇습니다. 그들 역시 사랑하지만, 사랑할 때나 그 이후에나 다른 사람들만큼 서로에게 그리 사랑스럽지는 않습니다. 그들은 서로 가장 신성한 서약을 주고 받았다고 생각하며, 이를 어기거나 적의에 빠지지 않을 것입니다. 마침내 그들은 날개가 없는 상태로 몸을 빠져나갔지만, 급상승하기를 열망했으며, 따라서 사랑과 광기의 비열한 보상을 얻지 못했습니다. 한 번 하늘 순례를 시작한 사람들은 다시 어둠과 땅 아래의 여정으로 내려가지 않을지 모르지만 그들은 항상 빛 속에서 살고 있습니다. 순례의 행복한 동반자, 날개를 받을 때가 오면 사랑 때문에 같은 깃털을 갖게 됩니다. 한 번 하늘 순례를 시작한 사람들은 다시 어둠과 땅 아래의 여정으로 내려가지 않을지 모르지만 그들은 항상 빛 속에서 살고 있습니다. 순례의 행복한 동반자, 날개를 받을 때가 오면 사랑 때문에 같은 깃털을 갖게 됩니다. 한 번 하늘 순례를 시작한 사람들은 다시 어둠과 땅 아래의 여정으로 내려가지 않을지 모르지만 그들은 항상 빛 속에서 살고 있습니다. 순례의 행복한 동반자, 날개를 받을 때가 오면 사랑 때문에 같은 깃털을 갖게 됩니다.

■ 파이드로스

좋은 삶은
정의롭고 명예로운 삶

친구여, 우리는 많은 사람들이 우리에 대해 말하는 것을 무시해서는 안 됩니다. 그러나 의로운 것과 불의한 것을 분별하는 그 한 사람이 무엇을 말하고 진리가 무엇을 말할 것인가? 그러므로 정의로운 것과 불의한 것, 선과 악, 명예로운 것과 불명예스러운 것에 대한 많은 사람들의 의견을 존중해야 한다고 조언하는 것은 잘못된 생각입니다. '음,' 누군가는 '그러나 많은 사람들이 우리를 죽일 수 있다'고 말할 것입니다. … 그리고 그것은 사실입니다. 그러나 여전히 나는 그 오래된 주장이 그 어느 때보 다 흔들리지 않는다는 사실에 놀라움을 금치 못합니다. 그리고 다른 명제에 대해서도 같은 말을 할 수 있는지 알고 싶습니다. 즉, 생명이 아니라 좋은 생명이 가장 중요하게 여겨져야 합니까? … 그리고 좋은 삶은 정의롭고 명예로운 삶과 동등합니다.

■ 크리토

나의 이 평판은 내가 가진
일종의 지혜에서 비롯된 것

아테네 사람들이여, 감히 말씀드립니다. 여러분 중 누군가가 이렇게 대답할 것입니다. 뭔가 이상한 짓을 하고 있었던 게 틀림없어? 당신에 대한 이 모든 소문과 이 이야기는 당신이 다른 사람들과 같았더라면 결코 일어나지 않았을 것입니다. 그렇다면 그것들의 원인이 무엇인지 알려 주십시오. 이제 나는 이것을 정당한 도전으로 여기고 내가 지혜자라 불리며 악명을 떨치게 된 이유를 여러분에게 설명하려고 노력할 것입니다. 그럼 참석 부탁드립니다. 그리고 여러분 중 일부는 제가 농담이라고 생각할지 모르지만, 저는 여러분에게 모든 진실을 말할 것임을 선언합니다. 아테네 사람들이여, 나의 이 평판은 내가 가진 일종의 지혜에서 비롯된 것입니다. 어떤 종류의 지혜가 나에게 묻는다면 나는 대답합니다. 아마도 사람이 얻을 수 있는 것과 같은 지혜입니다. 그 정도로 나는 내가 현명하다고 믿는 경향이 있습니다. 반면에 내가 말하고 있는 사람들은 초인간적인 지혜를 가지고 있는데, 내가 그것을 나 자신이 가지고 있지 않기 때문에 설명하지 못할 수도 있습니다. 또 내게 있다고 말하는 자는 거짓을 말하고 내 품성을 빼앗는 것입니다. 그리고 여기, 오 아테네 사람들이여,

내가 아무리 사치스러운 말을 하는 것처럼 보이더라도 나를 방해하지 마시기 바랍니다. 내가 할 말은 내 말이 아니기 때문입니다.

■ 소크라테스의 변명

그러면 우리는
대화할 수 있습니다

나는 그가 이전 답변에 만족하지 않고 도움이 될 수만 있다면 더 이상 답변자 역할을 하지 않을 것임을 보았습니다. 그리고 나는 대화를 계속하라는 부름이 없다고 생각했습니다. 그래서 나는 말했습니다. 프로타고라스여, 나는 당신이 원하지 않는다면 당신에게 대화를 강요하고 싶지 않습니다. 그러나 당신이 내가 당신을 따를 수 있는 방식으로 나와 논쟁할 의사가 있다면, 나는 당신과 논쟁할 것입니다. 이제 당신은 다른 사람들이 당신에 대해 말한 것처럼, 그리고 당신 자신에 대해 말하는 것처럼 더 짧은 형태의 말과 더 긴 형태의 토론을 할 수 있습니다. 왜냐하면 당신은 지혜의 대가이기 때문입니다. 그러나 나는 이 긴 연설을 감당할 수 없습니다. 나는 할 수 있기를 바랄 뿐입니다. 반면에 둘 중 하나를 할 수 있는 당신은 내가 당신에게 간청하는 것처럼 더 짧게 말해야 합니다. 그러면 우리는 대화할 수 있습니다. 그러나 나는 당신이 내키지 않는 것을 알고 있습니다. 나는 더 긴 시간 동안 당신의 말을 듣기 위해 머무르는 것을 방해할 약혼이 있으므로(나는 다른 곳에 있어야 하기 때문에) 떠날 것입니다. 당신의 말을 듣고 싶었지만.

■ 프로타고라스

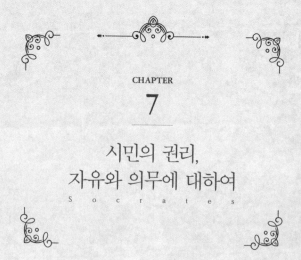

시민의 권리,
자유와 의무에 대하여
Socrates

열등한 자들의
지배를

정치 참여를 거부한 벌칙 중 하나는 결국 열등한 자들의 지배를
받게 된다는 것이다.

■ 플라톤, 국가

나는
세계의 시민

나는 아테네인이나 그리스인이 아니라 세계의 시민이다.

■ 플루타르코스의 추방에서 인용

큰 결점에도
불구하고

지금도 나는 그의 말을 들을 수 있게 된다면 저항할 수 없었지만, 다시 같은 경험을 하게 될 것이라는 것을 잘 알고 있다. 그는 내가 큰 결점에도 불구하고 나를 소홀히 하고 대신 아테네 정치에 관여한다는 것을 인정하게 한다. 그래서 나는 억지로 귀를 막고 사이렌에서 도망치는 사람처럼, 내가 늙을 때까지 그 옆에 앉아 있는 것을 막으려고 한다.

■ 플라톤, 심포지엄

나는
기꺼이 법을

나는 기꺼이 법을 준수하겠소. 하지만 내가 나도 모르게 법을 위반하는 일이 없도록 이 점을 내게 분명히 해주시오. 그대들이 내게 말하는 기술을 멀리하라고 할 때 이 기술은 올바른 논의와 관련 있다고 생각하기 때문이오. 아니면 올바르지 못한 논의와 관련 있다고 생각하기 때문이오? 올바른 논의와 관련 있다면 나는 분명 올바른 논의를 삼가야 할 것이고, 올바르지 못한 논의와 관련 있다면 나는 분명 올바른 논의를 하려고 노력해야 할 테니까.

■ 크세노폰, 소크라테스의 회상

나보다
세상

하나가 되어 나와 화해하는 것보다 온 세상과 화해하는 것이
낫다.

우리가 가장
큰 즐거움 중 하나

질서와 규율은 군대에서 가장 중요한 것이며, 그것이 없이는 돌, 벽돌, 목재, 기와로 뒤덮인 혼란스러운 무더기 외에 군대를 위한 다른 봉사를 할 수 없습니다. 그러나 건물에서처럼 모든 것이 제자리에 있을 때, 기초와 덮개가 돌이나 타일과 같이 썩지 않고 물에 젖어도 손상되지 않는 재료로 만들어졌을 때, 벽돌과 목재가 그들은 건물의 본체에서 적절한 위치에 고용되어 우리가 가장 큰 즐거움 중 하나로 여기는 집을 만듭니다.

■ 크세노폰, 소크라테스의 회상

독단적인
사람에 대해서

변증법에 소질이 없는 단순한 사람이 어떤 논증을 참으로 믿으면 나중에 골치 아픈 사람으로 변신한다. 그는 실제로 거짓이건 아니건 간에, 모든 것을 거짓이라고 생각하고 그리고 또 다른 것이 가해지면 그에게는 더 이상 믿음이 남지 않습니다. 마침내 그런 부류의 사람들은 인류 중에서 가장 지혜로운 사람으로 성장하고 만다. 에우리푸스의 조류처럼 끊임없는 밀물과 썰물을 통해 오르락내리락하는 모든 주장, 또는 모든 사물의 완전한 불건전함과 불안정성을 그들만이 인식하기 때문입니다.

■ 파이돈

모든 인간은
동등하다

아무리 잘 생기고 부유하고 출신이 좋다 할지라도 시민들은 '그를 경멸하여 비웃는다.' 그처럼 대장장이, 구두장이, 상인, 선장, 부자, 가난한 자, 좋은 집안사람이든 형편없는 집안 사람이든 모두 동등할 수 있으며 논의 중인 문제에 대해 교육이나 훈련을 받지 못했다고 해서 아무도 그를 나무랄 생각을 하지 않는다. 모든 인간은 동등하다.

■ 플라톤, 국가

참된 철학자들이
국가의 지도자가 되어

다수든 한 사람이든 참된 철학자들이 국가의 지도자가 되어 정의(正義)를 하나의 필요 불가결하고 중요한 것으로 여기면서 국가를 재조직하고 다스릴 때 어느 정도 가능한 일이다.

■ 플라톤, 국가

최고의 매력은
말할 수 있다는 것

아테네 최고의 매력은 말할 수 있다는 것이다. 무엇이든 말할 수 있다는 것, 말할 수 있는 즐거움이다. 이 모든 것이 아크로폴리스의 신들에 의해 교육받은 사람들과 테세우스와 우리의 민주주의 제도에 걸맞는 것이다. 그것이 아테네를 스파르타보다 더 즐거운 곳으로 만든 것이고, 하여 지혜를 존중하는 사람들이 전투에서 사나운 사람들보다 더욱 존경을 받는 것이다. 이것 때문에 우리 그리스인들과 다른 민족들은 큰 차이가 나는 것이다. 그리고 지금 우리가 누리고 있는 언론의 자유를 없애 버리려는 자들은 마치 우리 몸에서 눈을 도려내거나 혀를 잘라 내려는 것처럼 분명히 민주주의의 관행을 파괴하는 자들이니 추방시켜야 한다.

■ 플라톤, 국가

사상의
자유 언론의 자유

사람들은 그들이 기피하는 사상의 자유를 만회하기 위해 언론의
자유를 요구한다.

　　존경하는 친구여, 세계에서 가장 위대한 도시인 아테네 시민
들이여, 지성과 권력 모두에서 뛰어난 자여, 할 수 있는 모든 돈
을 벌고 명예와 명성을 높이려고 그토록 많은 관심을 기울이는
것이 부끄럽지 않습니까? 진리와 지혜와 영혼의 발전을 위해 당
신은 관심이나 걱정이 없습니까?

■ 소크라테스의 변명

사회
생활을~

사회생활을 할 수 없거나, 혹은 스스로 충분하기 때문에 사회를
필요로 하지 않는 사람은 짐승이나 신이 틀림없다.

정의가
실현되려면

정의가 실현되려면 개인이나 도시를 막론하고 잘못을 저지른 사람은 처벌을 받아야 합니다. 우리뿐만 아니라 그가 행복하기를 원한다면 처벌을 받아야 합니다. 이것이 내가 보기에 사람이 가져야 할 목표이며, 그 목표를 향해 개인과 국가의 모든 에너지를 기울여야 합니다. 절제와 정의가 함께 있고 행복할 수 있도록 행동해야 합니다. 자기 욕심을 참지 못하고 끝없는 욕심으로 도적질하는 자의 생활을 하는 그런 사람은 신과 사람의 친구가 아닙니다. 왜냐하면 그는 우리와 친교를 할 수 없고, 우정을 나눌 수 없기 때문입니다. 그리고 철학자들은 우리에게 우정과 질서와 절제와 정의는 하늘과 땅, 신과 인간을 하나로 묶고 따라서 이 우주는 무질서나 오도가 아니라 코스모스 또는 질서라고 불린다고 말합니다. 그러나 당신은 철학자이지만 기하학적 평등이 신과 인간 사이에서 강력하게 흐르는 에너지를 관찰한 적이 없는 것같습니다. 당신은 불평등이나 과잉을 배양하고 기하학에 신경 쓰지 않아야한다고 생각합니다. 그렇다면 행복한 사람은 정의와 절제를 소유함으로써 행복해지고 불행한 사람은 악덕을 소유함으로써 행복해진다는 원칙이 서는 데 이것을 반박해야 합니까? 아니면 그것이 인정된다면 그 결과는 무엇입니까? ■ 고르기아스

바뀌지 않는
세대

만일 세대가 일직선으로만 있고, 자연의 보상이나 순환이 없고,
서로 돌아가거나 돌아가지 않는다면, 결국 모든 것이 같은 형태
를 가지고 같은 상태로 지나갈 것이고, 그것은 더 이상 세대가
바뀌지 않는 것과 같다.

■ 파이돈

진실의
증거

나의 말솜씨는 그들로 하여금 나를 미워하게 만드는데, 그것이
오직 내가 진실을 말하고 있다는 증거이다.

정의

정의가 무엇인지 모를 때는 그것이 일종의 미덕인지 아닌지, 그것을 가진 사람이 행복한지 불행한지 거의 알 수 없기 때문이다.

나는 신이 나를
이 도시에 배치했다고 믿는다

나는 신에 의해 이 도시에 붙잡혀 있었습니다. 비록 말도 안 되는 말처럼 들리겠지만 그 크기 때문에 다소 느리고 일종의 개똥벌레에게 휘둘려야 하는 크고 고귀한 말 말을 탄 것 같았습니다. 신이 나를 도시에 배치했다고 믿는 것은 그러한 기능을 수행하기 위한 것입니다. 나는 당신들 각자를 일으켜 세우고, 하루종일 당신들과 함께 있는 곳 어디에서나 당신들을 설득하고 책망하는 것을 결코 멈추지 않았습니다.

■ 소크라테스의 변명

게으름뱅이의
처세

그들은 아무 일도 하지 않는 게으름뿐 아니라 더 잘 고용될 수도 있는 게으름뱅이이기도 하다.

어떤 사람도 배우지 못한
사업은 안 한다

어떤 사람도 배우지 못한 사업을 하지 않는다. 그러나 모든 사람은 자신이 모든 사업 중에서 가장 어려운 거래인 정부의 사업에 대해 충분히 자격이 있다고 생각한다.

완벽에
대하여

완벽한 인간은 모든 인간을 합친 것이고, 집단이며, 우리 모두가
함께 완벽을 만든다.

시민정신

도망가지 않고 자신의 자리에 남아 적과 싸우는 용기 있는 사람
이 자유시민이다.

모든 극단
그리고 중간

아주 크거나 아주 작은 사람보다 더 특이한 것은 없습니다. 이것은 일반적으로 크든 작든, 빠르고 느리든, 공정하고 더럽든, 흑백이든 모든 극단에 적용됩니다. 그리고 당신이 선택한 사례가 사람이든 개든 다른 무엇이든 극단은 거의 없지만 그 사이의 중간에 있는 경우가 많습니다.

■ 파이돈

가장 가벼운
손이 필요

가장 어려운 일에는 가장 가벼운 손이 필요합니다. 그렇지 않으면 그 일의 완료가 자유로 이어지지 않고 그것이 대체하는 것보다 훨씬 더 나쁜 독재로 이어집니다.

우리가 자녀를
돌보지 않는다면

시민 여러분, 왜 모든 돌을 불태우고 긁어서 부를 축적하고 언젠
가는 모든 것을 버려야 하는 자녀들을 거의 돌보지 않으십니까?

초역 소크라테스의 말

도시 전체의
행복

우리가 도시를 세운 목적은 도시의 어느 한 계층을 극도로 행복하게 만드는 것이 아니라 도시 전체를 가능한 한 행복하게 만드는 것이었습니다.

틀림없이
좋은 일이...

나는 당신이나 나 자신에게 선을 행할 수 없는 곳으로 가지 않았습니다. 그러나 내가 개인적으로 당신들 모두에게 가장 큰 이익을 줄 수 있는 곳으로 갔고, 당신 중 모든 사람을 설득하여 자신을 바라보아야 하고, 자신의 사적 이익을 바라보기 전에 미덕과 지혜를 구하고, 국가의 이익을 바라보기 전에 국가를 바라보도록 했습니다. 이것이 당신들이 모든 행동에서 준수해야하는 명령이어야 합니다. 그런 사람은 어떻게 해야 합니까? 틀림없이 좋은 일이...

■ 소크라테스의 변명

악보다
선을 위한

나는 현명하고 선한 다른 신들과 내가 남겨둔 사람들보다 더 나은 사람들에게 간다는 것을 확신하지 못한다면 죽을 때 슬퍼해야 한다는 것에 대해 충분히 알게 되었습니다. 그러므로 나는 슬퍼하지 않습니다. 죽은 자를 위해 아직 남아 있는 것이 있다는 좋은 희망이 있기 때문입니다. 옛 말대로 악보다 선을 위한 훨씬 더 나은 일이 있기를 바랍니다.

■ 파이돈

철학은
변덕스럽지 않다

이제 당신은 내 말도 메아리라는 것을 이해해야 합니다. 그러므로 당신은 나를 이상하게 생각할 필요가 없습니다. 그러나 당신이 나를 침묵시키고 싶다면, 나의 사랑인 철학을 침묵시키십시오. 왜냐하면 그녀(철학)는 항상 내가 지금 당신에게 말하고 있는 것을 말하고 있기 때문입니다. 그녀는 나의 다른 사랑처럼 변덕스럽지 않습니다. 왜냐하면 클레이니아스의 아들은 오늘 한 가지를 말하고 내일은 또 다른 것을 말하지만 철학은 항상 진실하기 때문입니다. 그녀는 지금 당신이 궁금해하는 그 말의 교사이며, 당신은 그녀의 말을 직접 들었습니다. 그녀를 논박해야 하며, 내가 말했듯이 불의를 행하고 형벌을 피하는 것이 모든 악 중에서 가장 나쁜 것은 아니라는 것을 보여주어야 합니다. 또는 만약 당신이 이집트의 신에 의해 그녀의 말을 반박하지 않고 그대로 두면, 오 칼리클레스야, 나는 선언한다, 칼리클레스는 결코 그 자신과 하나가 되지 않을 것이지만 그의 전체 생애는 불화일 것이다. 그러나 친구여, 나는 차라리 내 거문고가 조화롭지 않고 내가 제공한 합창에 음악이 없어야 합니다. 그렇지 않으면 전 세계가 나와 적대 관계에 있게 될 것입니다.

■ 고르기아스

나는
부끄럽지 않다

어떤 사람은 이렇게 말할 것입니다. 소크라테스여, 당신은 때로 끝이 날 것 같은 삶의 행로가 부끄럽지 않습니까? 그에게 나는 정당하게 대답할 수 있습니다. 당신이 잘못 알고 있는 것입니다. 무엇이든 잘하는 사람은 살거나 죽을 확률을 계산해서는 안 됩니다. 그는 어떤 일을 함에 있어서 자신이 옳은지 그른지, 즉 선한 사람의 역할을 하는 것인지 나쁜 사람의 역할을 하는 것인지를 고려해야만 합니다. 당신이 보기에 트로이에 함락된 영웅들은 별로 좋지 않고 무엇보다도 아킬레우스는 불명예와 비교하여 위험을 멸시한 테티스의 아들이었습니다. 그리고 그가 헥토르를 죽이고 싶어했을 때 그의 여신 어머니는 그에게 말하길, "그가 동료 파트로클로스의 복수를 하고 헥토르를 죽인다면 그는 스스로 죽을 것이라고 말했다. 헥토르 다음으로 당신을 위해" 그는 이 경고를 받고 위험과 죽음을 극도로 멸시했습니다. 그리고 그들을 두려워하는 대신에 오히려 불명예스럽게 살기를 두려워하고 그의 친구에게 복수하지 않으려고 했습니다. 그는 대답합니다. "여기서 부리가 있는 배, 웃음거리와 땅의 짐 옆에 머물지 말고 내가 즉시 죽고 내 원수의 복수를 하게 해주십시오." 아킬레우스는 죽음과 위험에 대해 생각했습니까? 사람이 있는 곳이 어디든지 그가 선택한 곳이든 지휘관이 배정한 곳이든 그는 위험의 시간에 그곳에 머물러 있어야 합니다. 그는 죽음이나 불명예 외에는 아무것도 생각해서는 안 됩니다.

■ 소크라테스의 변명

당신은 행동에
신중을 기하고

그들의 웃음은 그다지 중요한 문제가 아닙니다. 사람이 현명하다고 생각할 수 있기 때문입니다. 그러나 아테네인들은 그가 자신의 지혜를 다른 사람들에게 전하기 시작할 때까지 그에 대해 크게 고민하지 않는 것 같습니다. 그런 다음 어떤 이유에서든 아마도 당신이 말했듯이 질투로 인해 화가 났을 것입니다. … 나는 감히 말하지 않습니다. 당신은 행동에 신중을 기하고 지혜를 거의 전하지 않기 때문입니다. 그러나 나는 모든 사람에게 내 자신을 쏟아 붓는 자애로운 버릇이 있고, 심지어 듣는 사람에게 대가를 지불하기도 하고, 아테네인들이 나를 너무 말이 많은 것으로 생각할까봐 두렵습니다. 이제 내가 말하는 것처럼 그들이 나를 웃기만 한다면, 당신이 말하는 것처럼 그들이 당신을 웃긴다면 법정에서 시간이 충분히 즐겁게 지나갈 수 있을 것입니다. 그러나 아마도 그들은 진지할 것입니다. 그러면 끝은 당신 점쟁이만이 예측할 수 있습니다.

■ 에우튀프로

지식에 따라
행동함으로써

내 자신의 꿈 이야기를 들어보십시오. 뿔나팔로 왔는지 상아문으로 왔는지 나는 알 수 없습니다. 꿈은 이렇습니다. 지혜가 지금 우리가 정의하는 것과 같으며 그녀가 우리를 절대적으로 지배하고 있다고 가정합시다. 그러면 각 행동은 예술이나 과학에 따라 수행될 것이며, 조종사가 아니라고 공언하는 사람이나 의사나 장군, 또는 자신이 모르는 문제를 아는 척하는 사람은 아무도 속이거나 회피하지 않을 것입니다. 우리의 건강이 향상될 것입니다. 바다와 전투에서 우리의 안전이 보장될 것입니다. 우리의 외투와 신발, 그리고 다른 모든 도구와 도구는 솜씨 좋게 만들어질 것입니다. 일꾼들이 착하고 진실할 것이기 때문입니다. 그렇습니다. 만일 당신이 원하신다면, 미래에 대한 지식인 예언이, 지혜의 지배를 받을 것이며, 그녀는 기만자들을 제지하고 미래를 계시하는 자들로 그들의 자리에 참 선지자들을 세울 것입니다. 이제 나는 이렇게 제공된 인류가 지식에 따라 살고 행동할 것이라는 데 전적으로 동의합니다. 왜냐하면 지혜는 무지가 우리에게 침입하는 것을 지켜보고 막을 것이기 때문입니다. 그러나 지식에 따라 행동함으로써 우리가 잘 행동하고 행복해질 수 있을지, 나의 친애하는 친구여, 이것은 우리가 아직 결정할 수 없는 문제입니다. 그러나 그는 지식을 버리면 다른 어떤 것에서도 행복의 면류관을 거의 찾을 수 없을 것이라고 대답했습니다.

■ 샤르미데스

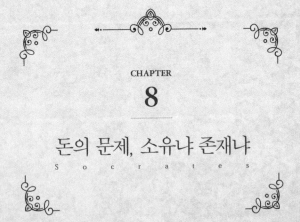

CHAPTER

8

돈의 문제, 소유냐 존재냐

Socrates

소유에
대하여

자기가 가진 것에 만족하지 못하는 사람은 자기가 갖고 싶은 것을 얻더라도 만족하지 못할 것이다.

탁월함은 부와
그 밖의 모든 것을

내가 당신에게 말한 것처럼, 당신의 영혼의 최상의 상태를 위해
부는 탁월함을 가져오지 않지만, 탁월함은 부와 그 밖의 모든 것
을 개인적으로나 집단적으로 남성에게 유익함을 가져다준다.

■ 플라톤, 소크라테스의 재판과 죽음

재물의
용도

사람이 자신의 재물을 자랑스러워하면 그것을 어떻게 사용하는지 알기 전까지는 칭찬을 받아서는 안 된다.

자신을 노예로 팔려고
내놓은 자들

나는 옷이나 신이나 그 밖의 생활방식에서 멋을 부리거나 으스대지 않았다. 또한 제자들을 돈 밝히는 자로 만들지 않았다. 나는 제자들에게 수업료조차 받지 않았으니 말이다. 수업료를 받지 않아야 자유를 누릴 수 있다. 반면 소피스트들처럼 수업료를 받는 자들은 수업료를 지불하는 모든 사람과 함께해야 하는 만큼 '자신을 노예로 팔려고 내놓은 자'들이다.

■ 크세노폰, 소크라테스의 회상

미덕을
함양하는 것

나는 미덕을 가르친다는 사람이 수업료를 요구하거나, 훌륭한 친구를 얻은 것을 최대의 보답으로 여기지 않고 진실로 훌륭한 사람이 된 자가 최고 은인에게 진심으로 고마워하지 않을까 염려하는 것을 이해할 수 없다. 나는 누구에게도 그런 약속을 한 적이 없지만, 내가 제시하는 생활 원칙을 받아들이는 사람은 평생토록 좋은 친구가 될 것이라고 확신한다. 그런 내가 어떻게 젊은이들을 타락시키겠는가? 미덕을 함양하는 것이 타락이라면 몰라도 말이다.

■ 크세노폰, 소크라테스의 회상

진정한
부

부(富)보다 지식을 선택하라. 하나는 일시적이고 다른 하나는 영구적이기 때문이다.

머리만 치료한다고
생각하는 것은

나는 당신이 나를 기억한다는 것을 알게되어 기쁩니다. 나는 말했습니다. 나는 이제 당신과 더 편해질 것이고 전에 내가 어려움을 느꼈던 매력의 본질을 더 잘 설명할 수 있을 것이기 때문입니다. 그 매력은 두통을 치료하는 것보다 더 많은 일을 할 것이기 때문입니다. 나는 감히 저명한 의사들이 나쁜 눈으로 찾아온 환자에게 스스로 눈을 고칠 수는 없지만, 눈이 나으려면 머리도 치료해야 한다고 말하는 것을 들었습니다. 그리고 다시 그들은 몸의 나머지 부분도 치료하지 않고 머리만 치료한다고 생각하는 것은 어리석음의 극치라고 말합니다. 그리고 이렇게 논증하면서 그들은 자기들의 방법을 몸 전체에 적용하고, 전체와 부분을 함께 치료하고 치유하려고 한다. 그들이 이렇게 말하는 것을 본 적이 있습니까?

■ 샤르미데스

부끄럽지
않은가?

지혜와 진리와 영혼의 향상에 대해서는 생각하지도 아니하면서,
돈벌이와 명예와 위신에만 몰두하는 것이 부끄럽지 않은가?

우리가
다툼을 하는 이유

어떤 종류의 차이가 적의와 분노를 일으키나요? 예를 들어, 당신과 나의 좋은 친구가 숫자에 대해 다르다고 가정해 보겠습니다. 이런 종류의 차이가 우리를 적으로 만들고 서로 모순되게 만드는가? 우리는 즉시 산수를 하고 합계로 그것들을 끝내지 않습니까? … 아니면 우리가 크기에 대해 다르다고 가정하고 측정함으로써 그 차이를 빨리 끝내지 않습니까? … 그리고 우리는 저울에 의존하여 무겁고 가벼운 논쟁을 끝낼까요? … 하지만 그렇게 결정할 수 없는 차이점이 있어서 우리를 화나게 하고 서로 적대감을 갖게 합니까? 나는 감히 지금 당신에게 답이 떠오르지 않는다고 감히 말하고, 따라서 이러한 적의는 정의와 불의, 선과 악, 명예와 불명예의 문제일 때 발생한다고 제안하겠습니다. 이것이 사람들이 서로 다른 점이며, 우리가 우리의 차이점을 만족스럽게 결정할 수 없을 때 당신과 나, 우리 모두가 싸울 때 다투는 것이 아닙니까?

■ 에우튀프로

현명한
사람을 부자로

오 친애하는 판(Pan)과 이 곳의 다른 모든 신들이여, 내 내면이 아름다울 수 있도록 허락해 주십시오. 나의 모든 외부 소유물이 내부와 우호적인 조화를 이루도록 하십시오. 우리는 현명한 사람을 부자로 여길 수 있습니다. 금은 온건한 사람이 감당할 수 있을 만큼만 가지고 가겠습니다.

■ 파이드로스, 소크라테스의 기도

절제에
대해서

그러면 절제는 고요함이 아니며 절제하는 삶도 고요한 것이 아닙니다. 이러한 관점에서는 확실히 그렇지 않습니다. 절제하는 삶이 선하다고 여겨지기 때문입니다. 그리고 두 가지 중 하나는 사실입니다. 삶의 조용한 행동이 빠르고 활기찬 행동보다 더 나은 것처럼 보이는 경우가 전혀 없거나 거의 없습니다. 또는 고귀한 행동에는 조용하고 빠르고 격렬한 행동이 많다고 가정합니다. 그러나 우리가 이것을 인정하더라도 절제는 걷거나 말하거나 다른 어떤 일에서 빠르고 활기차게 행동하는 것만큼 조용히 행동하지 않을 것입니다. 또한 절제는 우리가 선하고 고귀한 것으로 인정하고 빠른 사람도 조용한 사람만큼 좋은 것으로 나타났기 때문에 조용한 생활도 불안한 사람보다 더 절제하지 못할 것입니다.

■ 샤르미데스

탁월함은
부

부는 탁월함을 가져다주지 않지만 탁월함은 부와 그 밖의 모든 것을 개인적으로나 집단적으로나 그 밖의 모든 것을 좋게 만든다.

덕으로부터
모든 것이 나온다

나는 늙은이든 젊은이든 여러분 모두를 설득하고자 합니다. 나는 여러분에게 재산이나 명예에 대해 생각하지 말고, 주로 영혼의 가장 큰 개선에 관심을 가지도록 설득하는 것 외에는 아무것도 하지 않습니다. 여러분에게 말하노니, 덕은 돈으로 주어지는 것이 아니라, 덕으로부터 돈과 사람의 다른 모든 선이 나온다는 사실입니다.

초역 소크라테스의 말

역설(逆說)

나는 평범한 사람들이 해를 끼칠 수 있는 무한한 능력을 갖기를 바랄 뿐이다. 그러면 그들은 선을 행할 수 있는 무한한 힘을 갖게 될 것이다.

부자에
대해서

그는 가장 작은 것으로 만족하는 부자입니다. 만족은 자연의 풍
요로움이기 때문입니다.

영혼의
부

나는 일생동안 재물을 축적하고 내 몸을 단장하려고 노력하지 않았지만, 지혜와 인내의 보석, 그리고 무엇보다도 자유에 대한 사랑으로 내 영혼을 단장하려고 노력했습니다.

■ 소크라테스의 변명

탁월함에
대하여

부(富)가 탁월함을 가져오지는 않지만 탁월함은 부와 그 밖의 모든 것을 개인적으로나 집단적으로 유익하게 만듭니다.

매우 큰 이점을
누리는 사업

나는 진실 외에는 특별히 좋아하는 것이 없습니다. 그러나 우리
의 선물이 신들에게 어떤 유익을 가져다주는지 말해주셨으면 합
니다. 그들이 우리에게 주는 것에 대해서는 의심의 여지가 없
습니다. 왜냐하면 그들이 주지 않는 좋은 것이 없기 때문입니다.
그러나 우리가 그들에게 좋은 것을 줄 수 있는 방법은 똑같이 명
확하지 않습니다. 그들이 모든 것을 주고 우리는 아무것도 주지
않는다면, 그것은 우리가 그들에게서 매우 큰 이점을 누리는 사
업임에 틀림없습니다.

■ 에우튀프로

절제에
대해서 2

그러나 청각과 시각의 경우, 또는 자기 운동의 힘과 열을 태우는 힘의 경우, 자아와의 이러한 관계는 어떤 사람들에게는 믿을 수 없는 것으로 간주될 것이지만 다른 사람들에게는 그렇지 않을 수도 있습니다.

그리고 친구야, 자기 자신과 관련된 고유한 속성이 있는 것이 없는지, 아니면 어떤 것에만 있고 다른 것은 없는지 여부를 우리를 위해 만족스럽게 결정할 어떤 위대한 사람이 필요합니다. 그리고 자기와 관련된 것들의 이 부류에 그런 부류가 있다면 지혜나 절제라고 하는 과학이 포함됩니다. 나는 이러한 문제를 결정하는 내 자신의 능력을 전적으로 신뢰하지 않습니다. 나는 그러한 과학이 있는지 전혀 확신하지 못합니다. 설령 이것이 있더라도 이것을 지혜나 절제로 인정하지 아니하고 그러한 과학이 우리에게 도움이 될 것인지 아닌지도 알 수 있을 때까지 절제가 유익하고 좋은 것이라는 인상을 받았기 때문입니다. 그러므로 오 칼라이슈로스의 아들이여, 절제나 지혜는 과학의 과학이며 또한 과학의 부재라고 주장하는 당신에게 내가 먼저 말했듯이 가능성과 두 번째로 그러한 과학의 장점입니다. 그러면 아마도 절제에 대한 당신의 견해가 옳다고 나를 만족시킬 수 있을 것입니다. 앞서 말했듯이 먼저 그러한 과학의 가능성과 이점을 보여 주시기 바랍니다. 그러면 아마도 절제에 대한 당신의 견해가 옳다고 나를 만족시킬 수 있을 것입니다. 앞서 말했듯이 먼저 그러한 과학의 가능성과 이점을 보여 주시기 바랍니다. 그러면 아마도 절제에 대한 당신의 견해가 옳다고 나를 만족시킬 수 있을 것입니다.

■ 샤르미데스

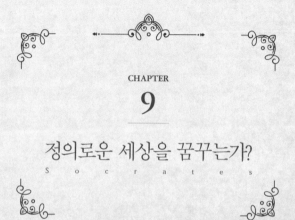

CHAPTER

9

정의로운 세상을 꿈꾸는가?

S o c r a t e s

정신에
대하여

강한 정신은 사상에 대해 토론하고, 평범한 정신은 사건에 대해 토론하며, 약한 정신은 사람들을 토론한다.

내가 정치에
종사했다면

아테네 사람들아, 내가 정치에 종사했다면 나는 오래 전에 죽었을 것이다. 당신들이나 나 자신에게도 아무런 도움이 되지 않았을 것이라고 나는 확신한다. … 진실은 당신들이나 다른 무리와 함께 전쟁에 나가 정직하게 국가의 부당함과 그릇된 행위에 맞서 싸우는 사람은 자신의 생명을 구할 수 없다는 것입니다. 진정으로 의를 위해 싸우는 사람은 잠시라도 살 수만 있다면 공적인 곳이 아닌 사적인 곳이 있어야 합니다.

■ 소크라테스의 변명

도시의 비방자들에게서
지혜로운 사람

아테네 사람들아, 당신들은 도시의 비방자들에게서 지혜로운 사람 소크라테스를 죽였다고 비난을 받게될 것이다. 그들은 내가 당신들을 비난하고 싶을 때 현명하지 못하더라도 나를 현명하다고 부를 것이다. 조금만 기다렸더라면 자연의 과정에서 욕망이 충족되었을 것이다. 왜냐하면 나는 이미 늙었고 당신들이 인식하듯이 몇 년 안에 죽음과 만나게 될 것이기 때문이다. 그런 사실을 나는 지금 나를 사형에 처하게 한 당신들에게만 말하고 있는 것이다. 내가 아무것도 하지 않고, 아무 말도 하지 않기로 마음 먹었다면, 나는 무죄 판결을 받았을 수도 있을 것이다. 하지만 나는 어떤 평범한 일이나 비열한 일도 해서는 안 된다고 생각했다. 지금 나는 내 방어 방식을 뉘우치지 않고, 차라리 내 태도를 따라 말하고, 사는 것보다는 차라리 죽는 편이 낫다고 생각한다.

■ 소크라테스의 변명

당신을
화나게 하는 일을

다른 사람이 당신에게 한 짓이 당신을 화나게 하는 일을 다른 사
람에게 하지 마라.

지혜의 지도하에 명령되거나
관리된 집이나 국가

만일 우리가 처음에 생각했던 것처럼 지혜로운 사람이 아는 것과 알지 못하는 것을 구별할 수 있었고, 하나는 알고 다른 하나는 알지 못했으며, 다른 사람들에게서도 비슷한 분별 능력을 인식할 수 있었다면, 확실히 현명해지는 데 큰 이점이 있었을 것입니다. 그러면 우리는 결코 실수를 해서는 안 되며, 우리 자신과 우리 아래에 있는 사람들의 오류 없는 안내자를 평생 동안 지나쳤습니다. 그리고 우리는 우리가 알지 못하는 것을 하려고 하지 말았어야 했습니다. 그러나 우리는 아는 사람들을 찾아 냈어야 했고, 그들에게 사업을 넘겨주고 그들을 신뢰했습니다. 또한 우리 아래에 있는 사람들이 잘할 것 같지 않은 일을 하도록 내버려 두어서도 안 됩니다. 그리고 그들은 그들이 알고 있는 바로 그 일을 잘 할 것입니다. 그리고 지혜의 지도하에 명령되거나 관리된 집이나 국가, 그리고 지혜가 주인이었던 다른 모든 것들은 잘 정리되었을 것입니다. 진리를 인도하고 오류가 제거되었기 때문에 사람들은 모든 일을 잘하고 행복했을 것입니다. 친구여, 우리가 지혜의 가장 큰 장점이라고 말한 것은 우리가 알고 있는 것과 알려지지 않은 것을 아는 것이 아니

초역 소크라테스의 말

겠습니까? 그리고 지혜의 지도하에 명령되거나 관리된 집이나 국가, 그리고 지혜가 주인이었던 다른 모든 것들은 잘 정리되었을 것입니다. 진리를 인도하고 오류가 제거되었기 때문에 사람들은 모든 일을 잘하고 행복했을 것입니다. 친구여, 우리가 지혜의 가장 큰 장점이라고 말한 것은 우리가 알고 있는 것과 알려지지 않은 것을 아는 것이 아니겠습니까? 그리고 지혜의 지도하에 명령되거나 관리된 집이나 국가, 그리고 지혜가 주인이었던 다른 모든 것들은 잘 정리되었을 것입니다. 진리를 인도하고 오류가 제거되었기 때문에 사람들은 모든 일을 잘하고 행복했을 것입니다. 친구여, 우리가 지혜의 가장 큰 장점이라고 말한 것은 우리가 알고 있는 것과 알려지지 않은 것을 아는 것이 아니겠습니까?

■ 샤르미데스

나의
위험한 적들

많은 사람들이 나, 소크라테스는 현명한 사람, 하늘에 있는 것들에 대해 깊이 사색하며 땅 밑에 있는 것들에 대해 탐구하는 사람, 그리고 약한 논증을 강한 논증으로 만드는 사람이라고 평가하고 불평한다. 곧 그들이 '나의 위험한 적'들이다.

■ 소크라테스의 변명

내가 불경한
혐의를 받는 이유는?

이것이 에우튀프로여, 내가 불경한 혐의를 받는 이유가 아닐까요? 따라서 사람들이 나를 잘못 생각한다고 생각합니다. 그러나 그것에 대해 잘 알고 있는 당신이 그것들을 인정하므로 나는 당신의 탁월한 지혜에 동의하는 것보다 더 나을 수 없습니다. 내가 그들에 대해 아무것도 모른다고 고백하면서 내가 또 무슨 말을 할 수 있겠습니까? 제우스에 대한 사랑에 대해 말씀해 주십시오. 제우스가 사실인지 정말 믿습니까?

■ 에우튀프로

무절제하기 때문에
온화한 사람들

그리고 온화한 사람들에게도 문제는 있다는 것을 아시는가? 그들은 무절제하기 때문에 온화합니다. 이것은 모순으로 보일지 모르지만, 그럼에도 불구하고 이 어리석은 절제와 함께 일어나는 종류의 일입니다. 왜냐하면 그들이 가져야 만하고 잃는 것을 두려워하는 쾌락이 있기 때문입니다. 그러므로 그들은 다른 쾌락에 의해 극복되기 때문에 한 종류의 쾌락을 삼가합니다. 부절제는 "쾌락의 지배하에 있는 것"으로 정의되는 반면, 그들은 쾌락에 의해 지배되기 때문에 극복합니다.

■ 파이돈

진정한
발전

가장 쉽고 고귀한 방법은 남을 짓밟는 것이 아니라 자신을 발전
시키는 것이다.

두려움으로부터
용기를

용기라는 미덕이 있습니다. 그것이 철학자의 특별한 속성이 아닙니까? … 역시 절제가 있습니다. 많은 사람들이 절제라고 부르는 정욕의 고요함, 통제, 경멸은 육체를 경멸하고 철학에 충실한 자들에게만 해당되는 특성이 아닙니까? … 용감한 자는 더 큰 재앙을 두려워하여 죽음을 견디지 아니하느냐? … 철학자들을 제외한 모든 사람들은 두려움에서 용기를 얻었습니다. 그들은 두려워하기 때문입니다. 그러나 사람이 두려움으로부터 용기를 얻는다는 것은 확실히 이상한 일입니다.

■ 파이돈

정치는
버려라

정의의 진정한 수호자는 비록 짧은 시간이라도 살아남으려 한다
면 필연적으로 사생활에만 국한하고 정치는 버려야 한다.

보복하거나 악으로
악을 물리치는 것은

그러면 우리가 그에게 어떤 악을 당했든지 간에 그 누구에게도 보복하거나 악을 악으로 갚지 말아야 합니다. 그러나 나는 당신이 정말로 당신이 말하는 것을 의미하는지 여부를 고려하기를 바랍니다. 친구여, 이 의견은 상당한 수의 사람들에 의해 지지된 적이 없으며 앞으로도 없을 것입니다. 그리고 이 점에 대해 동의하는 사람들과 동의하지 않는 사람들은 공통점이 없으며, 그들이 얼마나 차이가 나는지를 볼 때만 서로를 경멸할 수 있습니다. 그렇다면 해를 입히거나 보복하거나 악으로 악을 물리치는 것은 결코 옳지 않다는 나의 첫 번째 원칙에 동의하고 동의하는지 말해 주십시오. 그리고 그것이 우리 주장의 전제가 될까요? 아니면 이것을 거부하고 반대합니까? 나는 항상 그렇게 생각했고, 계속 생각합니다. 그러나 다른 의견이 있으시면 말씀해 주십시오.

■ 크리토

초역 소크라테스의 말

속임수

그러므로 사람들이 속임을 당하고 진리에 대한 광범위한 의견을 형성할 때, 그 오류들이 그 진리와 유사한 어떤 매체를 통해 그들의 마음속으로 미끄러져 들어갔다는 것이 분명합니다.

초역 소크라테스의 말

내가 신을
거역하고 있다고 믿고 있다면

만약 내가 신을 거역하고, 그 때문에 내가 입을 다물고 있을 수 없다면, 여러분이 그것을 믿고 있다면 내가 아무리 떠들어도 당신들은 내 말에 설득당하지 않을 것이다. 그리고 내가 매일 남을 살피며 덕과 다른 것들에 대하여 토론하는 것이 인간에게 가장 좋은 일이며, 성찰하지 않는 삶은 가치 없다는 삶이라고 말하고 또한 무슨 말을 해도 당신들은 귀담아듣지 않을 것입니다.

다른 관점에서
그 문제를

친구여, 선이 즐거운 것과 같지 않고 악이 고통스러운 것과 같지도 않다는 추론이 있습니다. 동시에 쾌락과 고통의 소멸이 있습니다. 그것은 선과 악이 아니라 서로 다른 것이기 때문입니다. 어찌 쾌락이 선과 같을 수 있고 고통이 악과 같을 수 있겠습니까? 그리고 나는 당신이 그것들을 식별할 때 거의 고려되지 않았을 다른 관점에서 그 문제를 보도록 하고 싶습니다. 아름다운 사람들은 아름다움이란 좋은 선물을 지니고 있기에 좋은 선이 아닌가요?

■ 고르기아스

변화의
비결

변화의 비결은 낡은 것과 싸우는 것이 아니라 새로운 것을 만드는 데 모든 에너지를 집중하는 것입니다.

명예롭게 사는
확실한 방법

세상에서 명예롭게 사는 가장 짧고 확실한 방법은 우리가 실제로 보이는 것처럼 사는 것입니다. 우리가 관찰한다면, 우리는 모든 인간의 미덕이 그것을 실천함으로서 스스로를 강화하고 더욱 에너지가 증가한다는 것을 알게 될 것입니다.

살인에
대한 증거

그렇다면 나의 사랑하는 친구야, 더 나은 가르침과 정보를 위해, 나에게 말해주시오. 모든 신들이 보기에 살인의 죄를 범한 주인에 의해 사슬에 묶여 죽은 하인이 있다는 어떤 증거가 당신에게 있습니까? 죽은 사람은 사슬에 묶였기 때문에 부당하게 죽었습니다. 살인자가 빠져나갈 구멍을 찾기 전에 기소를 해야 하는데 당신은 어떤 증거를 가지고 있습니까? 죽은 사람을 대신해서 아들이 살인혐의로 고소해야 합니다. 어떻게 모든 신들이 그의 행동을 승인하는데 동의한다는 것을 보여줄 수 있습니까? 그들이 그렇다는 것을 증명해 주세요. 제가 그러면 내가 살아 있는 동안 당신의 지혜에 박수를 보내겠습니다.

■ 에우튀프로

비교의
방법

직선 옆에 놓을 선이 없으면 선이 비뚤어진 줄 알 수 없다.

왜 자살은
옳지 않다고 생각하는가?

남자는 감옥에 갇힌 자이며 감옥의 문을 열고 달아날 권리가 없다고 은밀히 말한 교리가 있습니다. 이것은 내가 이해할 수 없는 큰 신비입니다. 그러나 나 역시 신들이 우리의 수호자이며 우리가 그들의 소유물이라고 믿습니다. … 그리고 당신의 소유물 중하나, 예를 들어 소나 당나귀가 그가 죽고 싶다는 당신의 희망에 대해 아무런 암시도 하지 않았을 때 자신을 길을 떠나는 자유를 얻었다면, 당신은 그에게 화를 내지 않겠습니까? 그리고 당신이 할 수 있다면 그를 처벌하지 않을 것인가? … 그렇다면 신이 지금 나를 부르시는 것처럼 사람이 기다려야 하고 신이 그를 부르실 때까지 스스로 목숨을 끊지 말아야 한다고 말하는 데는 이유가 있을 것입니다.

■ 파이돈

나는 나의 대의가
정당하다고 확신한다

오 아테네인들이여, 당신들이 나를 고발한 사람들에게 어떻게 영향을 받았는지 나는 말할 수 없습니다. 그러나 나는 그들이 내가 누구인지 거의 잊게 만들었다는 것을 압니다. 그들은 그렇게 설득력 있게 말했습니다. 그러나 그들은 진리의 말씀을 거의 말하지 않았습니다. 그러나 그들이 말한 많은 거짓들 중에서 나를 매우 놀라게 한 것이 하나 있었습니다. ㅡ 그들이 말했을 때, 그들은 여러분이 조심해야 하고 내 웅변의 힘에 속지 않도록 해야 한다고 말했습니다. 말하자면, 내가 입술을 열고 나 자신이 위대한 연설가가 아님을 증명하자마자 그들이 분명히 감지되었을 때, 웅변의 힘으로 그것이 진리의 힘을 의미하지 않는 한, 정말로 나에게 가장 뻔뻔스럽게 보였습니다. 그것이 그들의 의미라면, 나는 내가 웅변적이라는 것을 인정합니다. 그러나 그들의 방식과 얼마나 다른가! 내가 말했듯이, 그들은 거의 진실을 말하지 않았습니다. 그러나 당신은 나에게서 모든 진리를 듣게 될 것입니다. 그러나 단어와 구로 적절하게 장식된 정해진 연설로 그들의 방식대로 전달되지는 않았습니다. 아니, 하늘로! 그러나 나

초역 소크라테스의 말

는 그 순간에 나에게 일어나는 말과 주장을 사용할 것입니다. 왜
냐하면 나는 내 대의가 정당하다고 확신하기 때문입니다.

■ 소크라테스의 변명

CHAPTER

10

예술과 영원한 것에 대하여
S o c r a t e s

내 대신 그 빚을
갚아 주게나

나는 아스클레피우스에게 수탉을 빚졌네. 내 대신 그 빚을 갚아
주게나.

■ 플라톤, 파에도

조각가는
영혼의 변화를

작품을 살아 있는 자의 모습과 닮게 함으로써 자네의 조각을 마치 살아 있는 것같이 보이도록 하는 것인가? 그러면 자세를 어떻게 취하느냐에 따라 신체의 여러 부분이 끌어내려지거나 달아 올려지거나, 압축되거나 늘어나거나, 팽팽하거나 늘어진 것을 그대로 묘사함으로써 각 부분을 훨씬 실물과 닮고 훨씬 진실한 것으로 보이도록 하는 것인가? 그러나 어떤 활동을 하고 있는 육체에서 일어나고 있는 감정을 모방한다면 보는 사람에게 어떤 환희를 느끼게 할 수 있지 않겠나? 그러면 싸우고 있는 자의 무서운 눈을 묘사해야 하고, 승리한 자의 의기양양한 얼굴도 모방해야 하지 않겠는가? 그렇다면 조각가는 영혼의 변화를 외형에 나타내도록 해야 할 것이네.

■ 플라톤, 향연

선천적인
재능과 영감으로

시인들은 지식으로 시를 쓰는 게 아니라 선천적인 재능과 영감
으로 시를 쓴다는 걸 곧 깨달았어. 선지자나 선지자처럼 말이야.

예술의
영역

일반적으로 예술에 관해 말하자면, 그들은 대부분 행위에 관심을 갖고 있으며 말을 거의 또는 전혀 필요로 하지 않습니다. 회화, 조각상 및 기타 많은 예술에서 작업은 조용히 진행될 수 있습니다. 그리고 그러한 예술은 수사학의 영역에 포함되지 않는다고 당신이 말할 것이라고 생각합니다. … 그러나 산수, 계산, 기하학, 초안 연주와 같이 전적으로 언어라는 매체를 통해 작동하며 동작이 전혀 필요하지 않거나 거의 필요하지 않은 다른 예술도 있습니다. 이러한 연설 중 일부는 행동과 거의 같은 범위에 걸쳐 있지만, 대부분은 언어적 요소가 더 큽니다. 말의 효능과 힘은 전적으로 말에 의존합니다. 그리고 나는 수사학이 이것의 예술이라는 의미로 생각합니다.

■ 고르기아스

하늘의
뮤즈

당신처럼 음악을 사랑하는 사람이라면 뮤즈 이전 시대에 인간이었다는 메뚜기 이야기를 들어봤을 것입니다. 그리고 뮤즈들이 와서 노래를 불렀을 때 그들은 기쁨에 매료되었습니다. 그리고 항상 노래를 부르며 먹고 마시는 것은 생각해본 적이 없다. 이제 그들은 메뚜기 속에서 다시 살고 있습니다. 그리고 이것은 뮤즈가 그들에게 하는 것입니다. 그들은 배고프지도 목마르지도 않고, 태어날 때부터 항상 노래하며 먹지도 마시지도 않습니다. 그리고 그들이 죽으면 지상에서 그들을 공경하는 하늘의 뮤즈에게 가서 알립니다. 그들은 보고를 통해 댄서들에 대한 사랑을 얻습니다. 연인을 위한 에라토, 그리고 그것을 수행하는 자들을 위한 다른 뮤즈들은 그들을 존경하는 여러 가지 방법에 따라 – 맏형 칼리오페와 그녀 옆에 있는 우라니아의 뮤즈, 메뚜기가 그들에게 음악에 대해 보고하는 철학자들; 이것들은 주로 하늘과 생각, 신과 인간, 그리고 가장 감미로운 말을 하는 뮤즈이기 때문입니다. 그러므로 우리는 여러 가지 이유로 항상 말해야 하고 정오에 잠을 자지 않아야 합니다.

■ 파이드로스

완전히 순수한
사람만이

철학자나 학문을 사랑하고 떠나는 데 완전히 순수한 사람만이
신들에게 도달할 수 있습니다. 그리고 이것이 철학의 진정한 지
지자들이 모든 육체의 정욕을 멀리하고 참고 견디며 그것에 자신
을 포기하기를 거부하는 이유입니다. 돈을 사랑하는 것처럼 가난
이나 가족의 파멸을 두려워하기 때문이 아닙니다. 그리고 일반적
으로 세계; 권세와 명예를 사랑하기를 좋아함과 같지 아니하니
이는 그들이 악한 일의 불명예와 불명예를 두려워함이라.

■ 파이돈

초역 소크라테스의 말

우리가 그녀에게
감사를 드려야

여러분, 테오도테^{주)}가 우리에게 그녀의 아름다움을 보여준 데 대해서 우리들이 그녀에게 인사를 하든지, 아니면 우리가 보아준 데 대해서 그녀가 우리에게 감사를 표해야 하지 않겠소? 만일 보여줌으로써 이 여자에게 이익이 더해졌으면 그녀가 우리에게 감사를 표해야 할 것이고, 또 바라다봄으로써 우리에게 이익이 더해졌다면 우리가 그녀에게 감사를 드려야 하지 않겠소?

■ 플라톤, 향연

주) 이른바 'hetairai'의 한 사람이며, 알키비아데스가 총애한 여인이었다. 알키비아데스가 프뤼기아에서 죽었을 때, 이 여인이 그를 자기의 옷으로 감싸서 매장했다고 전해지고 있다.

뮤즈의
광기

만일 어떤 사람이 기교만으로 훌륭한 시인이 될 수 있다고 믿으며 뮤즈의 광기에 영향을 받지 않고 시의 문 앞에 온다면, 그와 그의 작품은 결코 완벽에 도달할 수 없으며, 영감을 받은 미친 시인의 작품에 완전히 가려질 것이다.

초역 소크라테스의 말

내가 더 오래
살려면

내가 더 오래 살려면 아마도 내가 한때 우월했던 사람들보다 더 많이 보고 덜 듣고 덜 이해하고 더 어렵게 배우고 더 망각하고 더 나쁘게 지내면서 노년을 살아야 할 것입니다. 사실 그 변화를 눈치채지 못하더라도 삶은 살 수는 있을 것입니다. 그리고 내가 그 변화를 제대로 느끼고 제대로 본다면 삶은 더 이상 비참하거나 불쾌하지 않을 수 있을 것입니다.

■ 크세노폰

진리에 앞서
사람이 더 존중되어서는

호메로스와 같은 훌륭한 시인에 대한 사랑과 공경을 마음속 깊이 간직하는 것은 좋지만, 진리에 앞서 사람이 더 존중되어서는 안 된다.

■ 플라톤, 고르기아스

시인들이 시를
쓸 수 있었던 것은

나는 시인들이 시를 쓸 수 있었던 것은 지혜가 아니라 선견자와 예언자에게서 볼 수 있는 것과 같은 자연이나 영감에 의해 쓴다는 것을 깨달았습니다. 이들도 아름다운 말을 많이 하되 그 말하는 것을 알지 못함이라.

■ 소크라테스의 변명

신은 시인들의
마음을 빼앗아

신은 시인들의 마음을 빼앗아 자신의 사역자로 사용한다. 그는 또한 점쟁이와 거룩한 예언자들을 사용한다. 그래서 우리는 무의식 상태에서 그들이 전하는 값진 말을 대리인이 아니라 신 자신이 연설자이며, 그들을 통해 신과 대화하고 있음을 느끼도록 만든다.

초역 소크라테스의 말

시인은
신의 해석자

신은 우리에게 이 아름다운 시들이 인간이나 인간의 작품이 아
니라 신과 신의 작품이라는 것을 알려주시며 의심하지 않게 하시
는 것 같다. 시인은 신의 해석자일 뿐이라는 사실을...

진정한
시인

시인은 가볍고 빛이 있고 날개 달린 거룩한 존재이며, 영감을 받아 정신세계를 보여준다. 시인의 정신이 더 이상 그 속에 있지 않을 때 그 안에 빛나는 발명품은 없다. 그가 이 상태에 이르지 못하면, 그는 힘이 없고 신탁을 말할 수 없다.

참존재에 대한
인식의 문제

나는 참 존재에 대한 사색에 실패하였으므로 영혼의 눈을 잃지 않도록 조심해야 한다고 생각했다. 사람들이 일식 동안 태양을 관찰하고 응시함으로써 신체의 눈을 손상시킬 수 있기 때문이다. 눈으로 사물을 보거나 감각의 도움으로 사물을 파악하려고 하면 내 영혼이 완전히 눈이 멀게 될까 두려웠다. 그리고 나는 관념에 의지하고 그 안에서 존재하는 진리를 찾는 것이 더 낫다고 생각했다. 직유는 완벽하지 않다고 감히 말할 수 있다. 왜냐하면 관념이라는 매개체를 통해 존재를 관조하는 사람은 '어두운 유리를 통해서'만 본다는 것을 인정하지 않기 때문이다.

진정한
철학자

나는 신비주의의 창시자들이 진정한 의미를 지니고 있었고, 오래 전 형상에서 암시했을 때 단순하고 사소한 일이 아니었다고 생각합니다. 성화되지 않고 미숙한 사람을 지하세계로 통과시키는 사람은 진창 속에서 살 것이지만, 하찮은 사람이 아니라고 생각합니다. 정화 후에 거기에 도착하는 사람은 신들과 함께 거할 것입니다. 그들이 신비주의에서 말하는 것처럼 운반자(thyrsus)이지만 내가 그 단어를 해석할 때 진정한 철학자라는 의미입니다.

■ 파이돈

중요한
것은

아름다움이 우선입니다. 승리는 부차적입니다. 중요한 것은 기쁨
입니다.

붙잡혀 있는
것들

관객은 내가 말한대로 자석의 힘을 서로에게서 얻는 반지의 마지막 고리라는 것을 알고 있습니까? 자신과 배우와 같은 랩소드는 중간 링크이며, 시인 자신이 그 중 첫 번째 연결고리입니다. 이 모든 것을 통하여 신께서는 그가 기뻐하시는 어떤 방향으로든 사람들의 영혼을 흔들고, 한 사람을 다른 사람으로부터 매달리게 하십니다. 따라서 댄서와 마스터, 합창단의 언더마스터로 구성된 광대한 체인이 있는데, 이들은 마치 돌에서 나온 것처럼 뮤즈에서 매달려 있는 반지의 옆구리에 매달려 있습니다. 그리고 모든 시인에게는 그가 매달린 어떤 뮤즈가 있습니다. 그리고 그를 사로잡은 사람은 거의 체인과 같습니다. 이는 그가 붙잡혀 있기 때문입니다.

나의 예술의
승리는

나의 예술의 승리는 젊은이의 마음에서 나오는 생각이 거짓된 우상인지 아니면 고귀한 진정한 탄생인지를 철저히 조사하는 데 있다.

최고의 음악인
철학 공부

살아오면서 꿈에서 종종 "음악을 해야 한다"는 암시를 받았습니다. 같은 꿈이 어떤 때는 어떤 형태로, 어떤 때는 다른 형태로 나에게 왔지만 항상 같거나 거의 같은 말을 했습니다. 그리고 지금까지는 이것이 내 삶의 추구이자 가장 고귀하고 최고의 음악인 철학 공부를 격려하고 격려하기 위한 것이라고 생각했습니다.

■ 파이돈

다시
산다는 것

나는 다시 산다는 것이 참으로 존재하며, 산자는 죽은 자 가운데서 돌아나고, 죽은 자의 영혼이 존재하며, 선한 영혼은 악한 자보다 더 나은 부분이 있다는 믿음에 자신이 있습니다. … 우리는 살아 있는 모든 것이 죽은 자들로부터 태어난다는 것을 인정했습니다. 영혼이 태어나기 전에 존재했고, 살아서 태어나는 것은 죽음과 죽음을 통해서만 태어날 수 있다면, 그녀(영혼)는 다시 태어나야 하므로 사후에도 계속 존재해야 하지 않겠습니까?

■ 파이돈

두 가지
예술

영혼과 몸은 둘이며, 그에 상응하는 두 가지 예술이 있습니다. 영혼에 관여하는 정치의 예술이 있습니다. 그리고 신체에 관여하는 또 다른 예술. 나는 그 이름을 자세히 알지 못하지만 두 부분으로 설명될 수 있습니다. 하나는 체조이고 다른 하나는 의학입니다. 그리고 정치에는 정의가 의학에 하는 것처럼 체조에 답하는 입법 부분이 있습니다. 그리고 두 부분이 서로 부딪히는데, 정의는 입법과 같은 주제에 관련되고 의학은 체조와 같은 주제이지만 차이가 있습니다. 이제, 이 네 가지 기술이 있음을 보았을 때, 두 개는 육체에, 두 개는 영혼에 관심을 두어 최고의 선을 추구합니다. 아첨 아는 것, 또는 오히려 그들의 본성을 추측하고 네 가지 가짜 또는 시뮬레이션으로 자신을 분배했습니다. 그녀는 그들 중 하나 또는 다른 사람의 형상을 띠고 그녀가 가장하는 것처럼 가장하고 남성의 최고의 이익을 고려하지 않고 항상 부주의한 사람들의 미끼를 즐깁니다. 그들에게 최고의 가치. 요리는 의학의 가장을 모방하고 어떤 음식이 몸에 가장 좋은지 아는 척합니다. 그리고 의사와 요리사가 어린이가 판사인 경쟁에 참가해야 하거나 어린이보다 더 센스가 없는 남자가 음식의 좋고 나쁨을

초역 소크라테스의 말

가장 잘 이해하는 경쟁에 참가해야 한다면 의사는 굶주릴 것입니다. 죽음. 나는 이것이 천박한 종류의 아첨이라고 생각합니다, 폴루스(Polus)여, 최선을 생각하지 않고 쾌락을 목표로하기 때문에 나는 지금 당신에게 나 자신을 말하고 있습니다. 나는 그것을 예술이라고 부르지 않고 단지 경험이라고 부르는데, 그 이유는 설명하거나 적용할 수 없는 이유를 제시할 수 없기 때문입니다. 그리고 나는 비합리적인 것을 예술이라고 부르지 않습니다. 그러나 당신이 내 말에 이의를 제기한다면, 나는 그것을 변호하기 위해 변론할 준비가 되어 있습니다.

■ 고르기아스

모든 위대한
예술은

모든 위대한 예술은 자연의 진실에 대한 토론과 높은 사색을 요구합니다. 그러므로 생각의 고상함과 실행의 완전함이 옵니다. 그리고 이것은 내가 생각하는 바에 따르면 페리클레스가 우연히 알게 된 아낙사고라스와 교제하면서 얻은 타고난 재능에 더해 얻은 특성이었습니다. 그리하여 그는 고등 철학에 흠뻑 젖어 아낙사고라스가 가장 좋아하는 주제인 마음에 대한 지식과 마음에 대한 부정적인 지식을 얻었고 그의 목적에 맞는 것을 말하기 기술에 적용했습니다.

■ 파이드로스

존재의
두 영역

두 종류의 존재가 있다고 가정합니다. 하나는 보이는 것과 다른 하나는 보이지 않습니다. … 보이는 것은 변화하는 것이고, 보이지 않는 것은 변하지 않는 것입니다. … 더 나아가 우리의 한 부분은 몸이고 나머지는 영혼이 아닙니까? … 그렇다면 영혼은 보이지 않는 것에 더 가깝고, 몸은 보이는 것에 더 가깝다고? … 영혼은 육체에 의해 변화 가능한 영역으로 끌려가서 방황하고 혼란스러워합니다. 세상은 그녀(영혼)를 빙글빙글 돌리고, 그녀는 그들의 영향 아래 있을 때 술 취한 사람과 같습니까? … 그러나 그녀 자신으로 돌아갈 때 그녀는 '영혼'을 반영합니다. 그런 다음 그녀는 그녀의 친척인 순결, 영원, 불멸, 불변의 영역으로 들어가고, 그녀가 혼자 있고 방해를 받지 않을 때 항상 그들과 함께 살아갑니다. 그러면 그녀는 잘못된 길을 그만두고, 변하지 않는 것과 교통하는 것은 변하지 않습니다. 그리고 이 영혼의 상태를 지혜라고 합니다. 영혼은 신성하고 불멸하며 이해 가능하고 획일적이며 용해되지 않고 불변하는 것과 매우 유사합니다. 그리고 그 몸은 인간과 매우 흡사하여 필사자이며, 이해할 수 없고, 여러 가지 형태를 하고, 녹지 않으며, 변하지 않습니다. 그러나 더러워지고 떠

초역 소크라테스의 말

날 때 더러워진 영혼은 항상 육체의 동반자이자 종이며 육체와 육체의 욕망과 쾌락을 사랑하고 매료되어 마침내 그녀는 진리가 육체적 형태로만 존재한다고 믿게 되며, 인간은 그것을 만지고 보고 맛보고 욕망을 위해 사용할 수 있습니다. 영혼은 미워하고 두려워하며 지적인 원칙을 피하는 데 익숙해져 있습니다. 육신의 눈에는 어둡고 보이지 않으며 오직 철학으로만 얻을 수 있습니다. 이와 같은 영혼이 순수하고 합당하지 않아서 떠날 것이라고 생각하십니까?

■ 파이돈

CHAPTER

11

죽음과 영혼,
그리고 신에 대하여

가장 위대한
축복

죽음은 인간의 모든 축복 중에서 가장 위대한 축복일지도 모른다.

인간에게 일어날 수 있는
가장 큰 축복은

친구 여러분, 죽음을 두려워하는 것은 현명하지 않고 스스로 현명하다고 생각하는 것뿐입니다. 왜냐하면 그것은 우리가 알지 못하는 것을 안다고 생각하기 때문입니다. 인간이 말할 수 있는 것은 무엇이든 죽음이 그들에게 일어날 수 있는 가장 큰 선일 수 있지만, 그들은 그것이 가장 큰 악이라는 것을 아주 잘 알고 있는 것처럼 두려워합니다. 그리고 이것은 우리가 모르는 것을 알고 있다고 생각하는 그 부끄러운 무지가 아니면 무엇입니까?

■ 플라톤, 소크라테스의 마지막 날

겉사람과 속사람이
하나가 되게

내면의 영혼에 아름다움을 주소서. 겉사람과 속사람이 하나가
되게 하소서.

신의
위대함

당신은 신이 너무나 위대하고 모든 것을 한 번에 보고 들으며 모든 곳에 존재하며 모든 것에 관심을 갖고 있다는 것을 알게 될 것입니다.

■ 크세노폰

영혼은 언제 진리를
얻습니까?

영혼은 언제 진리를 얻습니까? 몸과 관련하여 무엇이든 고려하려고 하면 그녀(영혼)는 분명히 속은 것입니다. … 그렇다면 그녀에게 존재가 생각으로 밝혀져야 하지 않을까요? … 그리고 생각은 마음이 그녀 자신에게 집중되고 소리나 광경이나 고통이나 어떤 즐거움도 그녀를 괴롭히지 않을 때 가장 좋습니다. 그녀가 몸과 관련이 없고 신체 감각이 없을 때 또는 느낌이지만 존재 후 열망입니까? … 그리고 이것에서 철학자는 몸에 불명예를 안겨줍니다. 그의 영혼은 몸을 떠나 혼자 있고 싶어합니까?

▪ 파이돈

구름 없이
비가 오는 걸

우리 사이에서 신들은 통하지 않는다네. 헛소리 말게. 제우스는 존재하지 않아. 자네는 일찍이 구름 없이 비가 오는 걸 본 적이있나? 비의 무게에 의하여 필연적으로 아래로 처질 때면 무거워진 몸들이 서로 부딪쳐 부서지면서 굉음을 내는 거지.

■ 아리스토파네스, 구름

인생의 끝은
신을 닮는 것

인생의 끝은 신을 닮는 것이며, 신을 따르는 영혼은 그와 같을 것이다. 신은 만물의 시작과 중간과 끝이다. 당신은 신이 너무나 위대하고 본성이 있어 모든 것을 동시에 보고 듣게 하시고, 어디에나 계시며, 모든 것에 관심을 갖고 계시다는 것을 알게 될 것이다.

영혼은
하모니

영혼은 하모니이기 때문에 자신을 구성하는 현의 긴장과 이완, 진동 및 기타 감정에 어긋나는 음을 결코 발화할 수 없습니다. 그녀는 따를 수만 있고 그들을 이끌 수는 없습니까? … 그러나 우리는 지금 영혼이 정반대의 일을 하고 있다는 것을 발견하지 못하고 있습니다. 평생에 걸쳐 거의 항상 반대하고 온갖 방법으로 그들을 강압하고 … 욕망, 열정, 두려움을 위협하고 질책하며 마치 자신이 아닌 것을 말하는 것처럼...

■ 파이돈

초역 소크라테스의 말

영혼의
증명

당신은 영혼이 썩지 않고 불멸한다는 것을 증명하고 싶어하며, 죽음을 확신하는 철학자가 다른 종류의 철학을 주도한 철학자보다 잘 지낼 것이라고 생각한다면 헛되고 어리석은 확신을 가질 뿐이라고 생각합니다. 그가 이것을 증명할 수 없다면, 아래 세계에서의 삶, 그리고 당신은 영혼의 힘과 신성, 그리고 우리가 인간이 되기 이전의 영혼의 존재가 반드시 그녀의 불멸을 의미하는 것은 아니라고 말합니다. … 자연적인 느낌이 없는 사람은 영혼의 불멸에 대한 지식이나 증거가 없다면 두려워할 이유가 있습니다. 그것이 당신이 말하는 것 같아요, 내가 의도적으로 반복하는 말은, 그 어떤 것도 우리에게서 벗어날 수 없도록 하기 위해서입니다.

■ 파이돈

영혼은 스스로
움직이는 것

그 모든 존재로 말미암아 영혼은 불멸합니다. 영원히 움직이는 것은 불멸입니다. 그러나 다른 사람을 움직이고 다른 사람에 의해 움직이는 것은 살기를 그치게 됩니다. 오직 스스로 움직이고, 결코 자신을 떠나지 않는 것만이 움직임을 멈추지 않으며, 그 밖의 모든 움직임에 대한 운동의 샘이자 시작입니다. 이제 시작은 미완성이라 시작은 무에서 시작되나 시작은 무에서 시작되나 만일 무엇으로 시작되었으면 시작은 시작에서 오지 아니하였느니라 그러나 만일 그 시작은 멸하지 아니하면 멸하지 아니할 것이요 시작은 멸하지 아니하면 시작도 없고 시작도 없거니와 모든 일에 시작이 있으리라 하셨습니다. 그러므로 스스로 움직이는 것은 운동의 시작입니다. 그리고 이것은 파괴될 수도 없고 일어날 수도 없습니다. 그렇지 않으면 온 하늘과 모든 창조물이 무너지고 멈춰서 다시는 움직이지도, 태어나지도 않을 것입니다. 그러나 만약 자기 움직임이 불멸의 것으로 증명된다면, 자기 운동이 바로 영혼의 생각이고 본질이라고 단언하는 사람은 혼란에 빠지지 않을 것입니다. 밖에서 움직이는 몸은 영혼이 없으나 안에서 움직이는 것은 영혼이 있으니 이는 영혼의 본성이라 하시니라 그러나 이것이 사실이라면, 영혼은 스스로 움직이는 것이어야 하며, 따라서 필연적으로 태어나지 않고 불멸의 존재가 되어야 하지 않겠습니까? 영혼의 불멸성으로 충분합니다.

■ 파이드로스

어떤 죽음이
가장 고귀한 죽음보다

이보다 더 고귀한 죽음이 있을까? 어떤 죽음이 가장 고귀하게 맞은 죽음보다 더 고귀할까? 어떤 죽음이 가장 고귀한 죽음보다 더 행복할까? 어떤 죽음이 가장 행복한 죽음보다 더 신들의 마음에 들 것인가?

■ 크세노폰, 소크라테스의 회상

오직 신만이
아신다

출발 시간이 왔고, 우리는 각자의 길을 간다. 나는 죽고 너는 살 것이다. 이 두 가지 중 어느 것이 더 좋은지는 오직 신만이 아신다.

■ 소크라테스의 변명

내가 떠나는
시간의 희망

그리고 이제 나에게 출발 시간이 지정되었으니, 이것이 내가 떠나는 희망이며, 나뿐만 아니라 마음이 깨끗해졌다고 믿는 모든 사람의 희망이다.

■ 파이돈

신이 나에게
명령했을 때

지금 내가 생각하고 상상하는 대로 신이 나에게 나 자신과 다른 사람들을 조사하는 철학자의 사명을 완수하라고 명령했을 때, 나는 죽음이나 다른 두려움 때문에 내 지위를 포기해야 했습니다. 그랬다면 그것은 참으로 이상할 것이고, 나는 신의 존재를 부정한 죄로 법정에 서게 될 것입니다. 그러면 나는 현명하지 않을 때 현명하다고 생각하게 될 것입니다. 우리가 죽음을 두려워하는 것은 우리가 그렇지 않을 때에도 자신이 현명하다고 믿는 것, 그리고 우리가 알지 못하는 것을 안다고 생각하는 것 외에 다른 것이 아닙니다. 사실상 육체는 죽음을 알지 못하며 육체는 말할 수 없지만, 그것이 인류에게 가장 큰 유익이 될 수 있지만, 사람들은 그것이 가장 큰 악임을 확실히 알고 있는 것처럼 그것을 두려워하는 것입니다.

■ 소크라테스의 변명

의인의
영혼은

모든 인간의 영혼은 불멸이지만, 의인의 영혼은 불멸이면서 신성
하다.

그녀가 아래 세계로
떠날 때

영혼을 돌보고 단지 육신의 방식대로 살지 않는 사람들은 이 모든 것에 작별을 고합니다. 그들은 맹인의 길을 걷지 않을 것이며 철학이 그들에게 정화와 악으로부터의 해방을 제안할 때 그들은 그녀의 영향력에 저항해서는 안 된다고 생각하고 그녀에게 기울어 그녀가 이끄는 곳으로 그녀를 따릅니다. 영혼의 쾌락이나 고통의 감정이 가장 강렬할 때 우리 모두는 자연스럽게 이 강렬한 감정의 대상이 가장 분명하고 진실하다고 생각합니다. 그러나 이것은 사실이 아닙니다. … 각 쾌락과 고통은 영혼을 육체에 못 박고 박아넣는 못과 같기 때문입니다. 그리고 그녀는 몸에 동의하고 같은 즐거움을 가지므로 같은 습관과 방식을 가질 수밖에 없으며, 그녀가 아래 세계로 떠날 때 결코 순수하지 않을 것 같지만 항상 몸으로 적셔집니다. 그래서 그녀는 육신이 죽은 후 곧 다른 몸으로 가라앉고 거기서 싹이 트고 자라므로 신성하고 순수하고 단순한 교제에 참여하지 않습니다.

■ 파이돈

머리와 몸이
건강해지려면

그러므로 머리와 몸이 건강해지려면 먼저 영혼을 치료하는 것
부터 시작해야 한다. 그것이 가장 먼저이고 필수적인 것이다. 그
리고 나의 사랑하는 젊음이여, 영혼을 돌보는 일은 어떤 매력
에 의해 영향을 받아야 한다. 그리고 그것에 의해 절제가 영혼에
심어지고 절제가 머무는 곳에 건강이 머리뿐만 아니라 몸 전체에
신속하게 전달된다.

■ 소크라테스의 회상

표현의
문제

자신을 나쁘게 표현하는 것은 언어에 있어서 잘못된 것일 뿐만
아니라 영혼에 해를 끼친다.

영혼의
속임수

똑같은 사물이 물 속에 보면 밖에서 볼 때와는 달리 구부러져 보인다. 왜냐하면 인간의 시력이 색상에 의해 오도되기 때문이다. 이런 종류의 모든 혼란은 분명히 우리의 영혼에도 나타나고 있다. 그것은 인간의 시력이 색상에 의해 오도되듯 우리의 본성이 애정의 본성을 이용하기 때문이다. 그림자 그림 그리기, 인형극, 그리고 그런 종류의 많은 다른 속임수들은 마법에 지나지 않는다.

■ 플라톤, 국가

초역 소크라테스의 말

누가 더 좋은 곳으로
가는지는

이제 헤어질 시간이 왔어. 난 죽으러 가고, 넌 살기 위해 간다.
우리 중 누가 더 좋은 곳으로 가는지는 신 외에는 아무도 모르는
거야.

죽음을
면할 수도 있겠지만

전쟁에서도, 법에서도, 어떤 사람도 죽음을 피하는 모든 방법을 사용해서는 안 된다. 종종 전투에서 사람이 팔을 잃어버리고 추적자 앞에서 무릎을 꿇는다면 죽음을 면할 수 있다는 것은 의심의 여지가 없다. 그리고 다른 위험에는 사람이 기꺼이 말하고 무엇이든 할 수 있다면 죽음을 피할 수 있는 다른 방법이 있다. 친구들이여, 어려움은 죽음을 피하는 데 있는 것이 아니라 불의를 피하는 데 있다.

사악함은
죽음보다 빠르다

배심원 여러분, 죽음을 피하는 것은 어렵지 않습니다. 사악함을 피하는 것이 훨씬 더 어렵습니다. 사악함은 죽음보다 빠르기 때문입니다.

■ 소크라테스의 변명

지혜로운 자는
죽음이 두렵지 않다

우리는 삶에서 떠날 때에만 진리에 접근한다. 진리를 사랑하는 우리가 인생에서 무엇을 위해 애쓰는가? 몸과 몸의 생명으로 인한 모든 악으로부터 우리 자신을 해방시키라! 그렇다면 죽음이 우리에게 닥쳤을 때 어떻게 기뻐하지 않을 수 있겠는가? 지혜로운 자는 평생 죽음을 구하므로 죽음이 두렵지 않다.

■ 소크라테스의 변명

초역 소크라테스의 말

기도에
대하여

우리의 기도는 일반적으로 축복을 위한 것이어야 한다. 왜냐하면 신은 우리에게 무엇이 좋은지를 가장 잘 아시기 때문이다.

죽음을
준비하면서도

평범한 사람들은 진정으로 철학에 대해 잘 모르는 것 같다. 자신에게 철학을 적용하는 사람들이 직접, 그리고 자신의 동의하에 죽음과 죽음을 준비하고 있음을 깨닫지 못하는 것 같다.

다음 세계로의
여행을 위해

그러므로 사람이 자기 영혼의 운명에 대한 모든 불안으로부터 벗어날 수 있는 한 가지 방법이 있다. 만일 당신이 자신의 삶의 목적이 낯설고 선보다 더 해를 끼칠 가능성이 있다고 믿는다면 그래서 육신의 쾌락과 장식품을 버리고 지식을 얻는 쾌락에 헌신했다면 출구는 열려 있다.

영혼을 빌린 아름다움이 아니라 자기 자신의 것으로, 자기 통제로 장식함으로써, 선함과 용기와 관대함과 진실함으로 자신의 영혼을 장식함으로써 다음 세상에서의 여정을 기다리며 자신의 영혼을 적합하게 만드는 것이다.

평생토록
얻을 수 없는 것

우리는 실제로 우리가 무엇이든 순수한 지식을 갖기 위해서는 몸을 버리고 혼으로 홀로 사색해야 한다고 확신한다. 논증으로 판단하자면, 우리가 갈망하고 우리가 마음에 두었다고 공언하는 지혜는 우리가 죽었을 때만 얻을 수 있고 평생토록 얻을 수 없는 것 같다.

초역 소크라테스의 말

시간의
티끌

우리의 삶은 시간의 손가락 사이로 떨어지는 티끌에 불과합니다.
모래시계의 모래처럼 우리의 인생도 그렇습니다.

부끄러운
무지

친구 여러분, 죽음을 두려워하는 것은 현명하지 않고 스스로 현명하다고 생각하는 것뿐입니다. 왜냐하면 그것은 우리가 알지 못하는 것을 안다고 생각하기 때문입니다. 인간이 말할 수 있는 것은 무엇이든 죽음이 그들에게 일어날 수 있는 가장 큰 선일 수 있지만, 그들은 그것이 가장 큰 악이라는 것을 아주 잘 알고 있는 것처럼 두려워합니다. 그리고 이것은 우리가 모르는 것을 알고 있다고 생각하는 그 부끄러운 무지가 아니면 무엇입니까?

■ 소크라테스의 변명

영혼에
대하여

영혼은 육체와 마찬가지로 자신이 접촉하기를 원하는 어떤 습관이든 연습으로 받아들인다.

죽음에 대해
두려워 말고

죽음에 대해 두려워 말고 안심하세요. 선한 사람에게는 살아서
나 죽은 후에나 악한 일이 일어날 수 없음을 진실로 아십시오.
죽음 앞에서 좋은 희망을 가지십시오. 선한 사람에게는 생사를
통틀어 어떤 악도 닥칠 수 없으며 그의 운명은 신에 대한 무관심
의 문제가 아니라는 이 한 가지 진리를 확실히 믿으십시오.

영혼은
순수하다

영혼은 삶에서 육체와 교제하지 않고 그것을 피하기 때문에 육체를 떠나서 육체와 함께 육체적으로 아무것도 끌지 않을 때 순수합니다.

완전한
견해

죽음은 인류에게 진리에 대한 완전한 견해를 제공한다.

영혼의
두려움

나는 내 눈으로 사물을 관찰하고 다른 감각으로 그것들을 이해
하려고 노력함으로써 내 영혼을 완전히 눈멀게 할까 두려웠다.

그가 진정한
철학자라면

그리고 지혜를 진정으로 사랑하는 사람이 이와 같은 방식으로
설득되어 오직 아래 세계에서만 합당하게 지혜를 즐길 수 있다
고 해도 죽어서도 여전히 슬퍼할 것입니까? 그가 기쁨으로 떠나
지 아니하겠는가? 친구야, 그가 진정한 철학자라면 틀림없이 그
럴 것이다. … 그리고 이것이 사실이라면 그는 매우 불합리할 것입
니다. … 그가 죽음을 두려워한다면.

■ 파이돈

나의
확신

나는 다시 산다는 것이 진정으로 존재하고, 산 사람은 죽은 자 가운데서 솟아나고, 죽은 자의 영혼이 존재한다고 확신한다.

참된
철학자

참된 철학자로 살아온 사람은 임종을 앞두고 기뻐할 이유가 있으며, 죽은 후에는 저세상에서 가장 큰 복을 받을 수 있기를 바랄 수 있다.

내가 백조보다
한없이 열등하다

당신은 예지와 점술의 점수에서 내가 백조보다 한없이 열등하다고 생각합니다. 백조는 죽음이 임박했음을 알면 섬기는 신에게 나아가는 기쁨 때문에 이전보다 더 즐겁게 노래합니다.

지혜를
사랑하는 법

그러므로 영혼 전체가 반항 없이 지혜를 사랑하는 부분을 따른다면 결과는 일반적으로 각 부분이 고유한 기능을 수행할 수 있다는 것입니다. 그 자체로, 최고이며, 가능한 한 가장 진실합니다.

영혼의
지능

우리가 태어나기 전에 습득한 지식이 태어날 때 우리에게서 상실되고 나중에 감각을 사용하여 이전에 알았던 것을 회복했다면, 우리가 학습이라고 부르는 것은 지식을 회복하는 과정이 아닐 수도 있습니다. 우리가 회상이라고 부르는 것이 맞습니까?… 그렇다면 심미아스여, 우리의 영혼은 육체가 없는 인간의 형태를 띠기 전에 존재했고 지능을 가졌음에 틀림없습니다.

■ 파이돈

비난에 대한
충분한 대답

나는 멜레투스의 비난에 대한 대답으로 충분히 말했습니다. 정교한 방어는 필요하지 않습니다. 그러나 내가 전에 말했듯이, 나는 분명히 많은 원수가 있습니다. 내가 멸망하면 이것이 나의 멸망입니다. 나는 확신합니다. 멜레투스도 아직 아니투스도 아닙니다. 세상의 시기와 비방은 많은 선한 사람들의 죽음이었고 아마도 더 많은 사람들의 죽음이 될 것입니다. 내가 그들 중 마지막이 될 위험은 없습니다.

■ 소크라테스의 변명

나는 동의하지
않는다

당신이 나와 같은 사람을 죽이면, 당신이 나에게 상처를 주는 것보다 당신 자신이 상처를 입을 것입니다. 멜레투스와 아니투스는 나를 해치지 않을 것입니다. 그들은 할 수 없습니다. 악한 사람이 자기 자신보다 남에게 해를 입히는 것은 본성이 아니기 때문입니다. 나는 그가 사람을 죽이거나 추방하거나 시민권을 박탈할 수 있음을 부인하지 않습니다. 그는 큰 상처를 주고 있다고 상상할 수도 있고 다른 사람들도 상상할 수 있습니다. 그러나 나는 동의하지 않습니다. 아니투스가 하는 일을 하는 악, 즉 부당하게 다른 사람의 생명을 앗아가는 악이 훨씬 더 큽니다.

■ 소크라테스의 변명

나는 부드럽게
그들을 비난한다

그런즉 재판관들이여, 죽음을 기뻐하고 이것이 진리인 줄 아십시오. 선한 사람에게는 살아서나 죽은 후에 어떤 악도 일어날 수 없다는 것입니다. … 이러므로 나는 나를 고소하는 자들이나 나를 정죄하는 자들에게 화를 내지 아니하노라. 그들은 나에게 아무런 해를 끼치지 않았습니다. 이에 대해 나는 부드럽게 그들을 비난할 수 있습니다.

■ 소크라테스의 변명

죽음을 두려워하고
꺼리는 자들에 대해서

죽음이 다가옴에 대해 두려워하고 원망하는 사람이 많다. 그런 사람은 매우 불합리할 살았던 존재들이다. 그가 죽음을 두려워 하고 꺼리는 것은 그가 지혜의 애호가가 아니라 육체의 애호가 라는 충분한 증거는 아니지만, 아마도 동시에 돈이나 권력, 또는 둘 다의 애호가일 것이다.

■ 파이돈

아테네
감옥에서

나는 아테네인의 동의 없이 탈출을 시도해야 하는지 말아야 하는지에 대한 질문을 계속합니다. 만약 제가 탈출하는 것이 분명히 옳다면 시도할 것입니다. 그러나 그렇지 않다면 기권하겠습니다. 당신이 언급한 돈과 인격 상실, 자녀 교육의 의무에 대해 언급한 다른 고려 사항은 할 수만 있다면 사람들의 생명을 되살릴 준비가 되어 있는 군중의 교리뿐입니다. 그들은 거의 이유 없이 그들을 죽여야 합니다. 그러나 지금까지 논쟁이 팽배했기 때문에 고려해야 할 유일한 문제는 우리가 탈출을 도우거나 다른 사람들을 고통스럽게 하여 우리의 탈출을 도우며 돈과 감사로 그들에게 지불하는 것을 정당하게 할 것인지 아니면 실제로 우리가 옳은 일을 하지 않는다. 그리고 후자라면,

■ 크리토

죽음이 좋은 것이라고
희망하는 큰 이유

우리는 죽음이 좋은 것이라고 희망하는 큰 이유가 있음을 알게 될 것입니다. 죽음은 무와 완전한 무의식 상태이거나, 아니면 사람들이 말하는 것처럼 영혼의 변화와 이주가 있습니다. 이 세상을 다른 세상으로. 자, 의식이 없고 꿈의 장소라도 방해받지 않는 자의 잠과 같은 잠이 있다고 가정한다면, 죽음은 이루 말할 수 없는 이득이 될 것이다. 어떤 사람이 꿈을 꾸어도 잠이 오지 않는 밤을 선택하고, 이것과 평생의 다른 밤낮을 비교하고, 그 날 밤낮을 몇 번이나 지냈는지 말해준다면. 그의 인생이 이것보다 더 낫고 더 즐겁기 때문에 나는 어떤 사람도 개인이 아니라 대왕이라 할지라도 다른 사람들에 비해 그러한 낮과 밤을 많이 찾지 못할 것이라고 생각합니다. 지금, 만일 죽음이 이와 같으면 죽는 것이 유익하다. 영원은 단 하룻밤일 뿐입니다. 그러나 죽음이 다른 곳으로 가는 여행이고 사람들이 말하는 것처럼 그곳에서 모든 죽은 자가 있다면, 친구와 재판관이여, 이보다 더 좋은 것이 어디 있겠습니까? … 무엇보다도 나는 참된 지식과 거짓 지식에 대한 탐구를 계속할 수 있을 것입니다. 이 세상에서와 같이 저곳에서도 그러합니다. 나는 누가 지혜로운지, 누가 지혜로운 척하고 누가 그렇지 않은지 알아내리라. ··· 그들과 대화하고 질문을 하면 얼마나 기쁠까요! 저 세상에서 그들은 이것을 위해 사람을 죽이지 않을 것입니다. 확실히. 이 세상보다 저 세상에서 더 행복할 뿐 아니라, 그들이 말한 것이 사실이라면 그들은 불사불사할 것이기 때문입니다. 모든 죽은 자들이여, 오 친구와 재판관이여, 이보다 더 좋은 것이 무엇이 있겠습니까? ··· 무엇보다도 나는 참된 지식과 거짓 지식에 대한 탐구를 계속할 수 있을 것입니다. 이 세상에서와 같이 저곳에서도 그러합니다. 나는 누가 지혜로운지, 누가 지혜로운 척하고 누가 그렇지 않은지 알아내리라. ··· 그들과 대화하고 질문을 하면 얼마나 기쁠까요! 저 세상에서 그들은 이것을 위해 사람을 죽이지 않을 것입니다. 확실히. 이 세상보다 저 세상에서 더 행복할 뿐 아니라, 그들이 말한 것이 사실이라면 그들은 불사불사할 것이기 때문입니다. 모든 죽은 자들이여, 오 친구와 재판관이여, 이보다 더 좋은 것이 무엇이 있겠습니까? ··· 무엇보다도 나는 참된 지식과 거짓 지식에 대한 탐구를 계속할 수 있을 것입니다. 이 세상에서와 같이 저곳에서도 그러합니다. 나는 누가 지혜로운지, 누가 지혜로운 척하고 누가 그렇지 않은지 알아내리라. ··· 그들과 대화하고 질문을 하면 얼마나 기쁠까요! 저 세상에서 그들은 이것을 위해 사람을 죽이지 않을 것입니다. 확실히. 이 세상보다 저 세상에서 더 행복할 뿐아니라, 그들이 말한 것이 사실이라면 그들은 불사불사할 것이기 때문입니다. 그들과 대화하고 질문을 하는 것이 얼마나 무한한 기쁨이겠습니까! 저 세상에서 그들은 이것을 위해 사람을 죽이지 않을 것입니다. 확실히. 이 세상보다 저 세상에서 더 행복할 뿐 아니라, 그들이 말한 것이 사실이라면 그들은 불사불사할 것이기 때문입니다. 그들과 대화하고 질문을 하는 것이 얼마나 무한한 기쁨이겠습니까! 저 세상에서 그들은 이것을 위해 사람을 죽이지 않을 것입니다. 확실히. 이 세상보다 저 세상에서 더 행복할 뿐 아니라, 그들이 말한 것이 사실이라면 그들은 불사불사할 것이기 때문입니다.

■ 소크라테스의 변명

무엇이 가치 있고
행복한 삶인가?
Socrates

가장
중요한 것은

가장 중요한 것은 사는 것이 아니라 잘 사는 것입니다. 그리고 잘 산다는 것은 인생에서 더 즐거운 일들과 함께 당신의 원칙에 따라 사는 것을 의미합니다.

■ 플라톤, 소크라테스의 재판과 죽음

고려해야 할 것은
단 한 가지

나는 그대에게 공정하게 대답할 수 있습니다, 내 친구여, 가치 있는 사람이 삶과 죽음의 전망을 저울질하는 데 시간을 써야 한다고 생각한다면 당신은 착각하고 있는 것입니다. 사람이 어떤 행동을 할 때 고려해야 할 것은 단 한 가지가 있습니다, 즉 그가 선한 사람처럼 옳게 행동하는지 나쁜 사람처럼 그르게 행동하고 있는지 여부를 가리는 일입니다.

■ 소크라테스의 변명

행복의
비결은

행복의 비결은 더 많은 것을 추구하는 데 있는 것이 아니라 덜 즐길 수 있는 능력을 기르는데 있다.

지식은
추상화일 뿐이며

지식은 추상화일 뿐이며 의학, 건물 등과 같은 특정 주제를 알려
주지 않습니다. 그것은 우리나 다른 사람들이 무언가를 알고 있
다고 말할 수 있지만 우리가 아는 것을 결코 말할 수는 없습니
다. 그리고 우리가 절제라고 부르는 그런 종류의 지식이 이러한
반사적 성격인지 여부는 아직 위대한 형이상학자에 의해 결정되
지 않았습니다. 그러나 지식이 그 자체를 알 수 있다 하더라도 우
리가 아는 것에 대한 지식이 어떻게 우리가 모르는 것에 대한 지
식을 의미합니까? 게다가 지식은 추상적인 것일 뿐이며 의학, 건
물 등과 같은 특정 주제를 알려주지 않습니다. 그것은 우리나 다
른 사람들이 무언가를 알고 있다고 말할 수 있지만 우리가 아는
것을 결코 말할 수는 없습니다. 그리고 우리가 절제라고 부르는
그런 종류의 지식이 이러한 반사적 성격인지 여부는 아직 위대한
형이상학자에 의해 결정되지 않았습니다. 그러나 지식이 그 자체
를 알 수 있다 하더라도 우리가 아는 것에 대한 지식이 어떻게 우
리가 모르는 것에 대한 지식을 의미합니까? 게다가 지식은 추상
화일 뿐이며 의학, 건물 등과 같은 특정 주제를 알려주지 않습니
다. 그것은 우리나 다른 사람들이 무언가를 알고 있다고 말할 수

있지만 우리가 아는 것을 결코 말할 수는 없습니다. 의학, 건물 등과 같은 특정 주제에 대해 알려주지 않습니다. 그것은 우리나 다른 사람들이 무언가를 알고 있다고 말할 수 있지만 우리가 아는 것을 결코 말할 수는 없습니다. 의학, 건물 등과 같은 특정 주제에 대해 알려주지 않습니다. 그것은 우리나 다른 사람들이 무언가를 알고 있다고 말할 수 있지만 우리가 아는 것을 결코 말할 수는 없습니다. 우리가 아는 것과 알지 못하는 것에 대한 지식이 있음을 인정하고 모든 것의 규칙과 척도를 제공할지라도 이것에는 아무런 유익이 없습니다.

■ 샤르미데스

빨리 무절제에서
도망쳐야

행복하기를 원하는 사람은 절제를 추구하며 연습해야 하며, 자신의 다리가 자기 몸을 운반할 수 있는 만큼 빨리 무절제에서 도망쳐야 한다.

■ 플라톤, 고르기아스

해결책

법은 아마도 불행 속에서 가능한 한 조용히 하고 짜증내지 않는 것이 최선이라고 말하고 있다. 왜냐하면 그러한 것들의 선악은 명백하지 않고, 그것을 어디든 어렵게 가져가는 것도 아니기 때문이다. 주사위를 잘못 던진 실패를 받아들이고 자신의 일을 해결해야 한다. 어떤 식으로든 논증이 최선일 것이다. 비틀거리며 상처받은 곳을 붙잡고 울부짖으며 시간을 보내는 아이들처럼 행동해서는 안 된다. 오히려 약을 열심히 복용하고 영혼의 쓰라린 것과 아픈 것을 빨리 낫게 하고, 탄식하는 버릇을 없애도록 노력해야 한다.

무지

하나뿐인 선과 지식, 그리고 하나뿐인 악은 무지(無知)이다.

감각의
실재성에 대해서

그렇다면 감각의 실재성에 대한 의심이 쉽게 제기된다는 것을 알 수 있습니다. 우리가 깨어 있는지 꿈에 있는지조차 의심할 수 있기 때문입니다. 그리고 우리의 시간이 잠자는 시간과 깨어 있는 시간으로 똑같이 나누어져 있기 때문에 어느 한 영역에서 영혼은 그 당시 우리 마음에 존재하는 생각이 사실이라고 주장합니다. 인생의 절반 동안 우리는 하나의 진리를 확인하고 나머지 절반 동안은 다른 하나를 확인합니다. 둘 다 똑같이 확신합니다.

■ 테아테투스

차분하고 행복한
성격을 가진 사람은

확실히 노년은 평온함과 자유의 느낌이 크다. 열정이 지배력을 잃고 그들의 마음을 완화할 때, 소포클레스가 말했듯이, 우리는 한 명의 미친 주인만이 아니라 많은 사람의 손아귀에서 해방된다. 사실 차분하고 행복한 성격을 가진 사람은 나이의 압박감을 거의 느끼지 못할 것이지만, 반대 성향의 사람에게는 젊음과 나이가 정반대로 부담이 된다.

■ 플라톤, 국가

먹는 것에
대하여

무익한 사람들은 먹고 마시는 것만 좋아합니다. 가치 있는 사람들은 살기 위해 먹고 마실 뿐입니다.

양들은 개가 하는
일에 대해

짐승이 말을 하던 시절, 어느 날 양(羊)이 주인에게 얘기하기를 '당신은 이상한 짓을 하십니다. 양모나 양 새끼나 치즈를 드리는 우리들에게는 땅에서 뜯어 먹는 풀 같은 것 외에는 아무것도 주지 않으면서 유용한 것을 하나도 만들어내지 않는 개에게는 주인께서 잡수시는 것을 나누어 주시다니요?' 그때 그 말을 듣고 있던 개가 말했다. '그럴 수밖에 없지. 왜냐하면 나는 사람들에게 도둑 맞거나 승냥이에게 잡혀가지 않도록 너희들을 보호하고 있기 때문이야. 만약 내가 너희들을 지켜주지 않는다면, 자네들은 승냥이에게 물려 죽을까 걱정이 되어 풀을 먹을 수도 없을 거야.' 그러자 양들은 개가 하는 일에 대해 알게 되었고 고마움을 느끼게 되었했다는 이야기일세. 자네도 그들에게 양을 지키는 개처럼 자네가 그들을 지키고 돌보아주기 때문에 그들이 누구에게서부터도 해를 받지 않고 즐겁게 일하고 안온한 생활할 수 있는 것이라고 말해 주게나.

■ 크세노폰, 소크라테스의 회상

초역 소크라테스의 말

나아지려고
노력하는 것

우리는 더 나아지려고 노력하는 것보다 더 잘 살 수는 없다.

아무리
허세를 부려도

원하는 것을 얻지 못하면 고통을 받는다. 원하지 않는 것을 얻으면 또한 고통스럽다. 원하는 것을 얻어도 영원히 유지할 수 없기 때문에 여전히 고통스럽다. 당신의 마음이 곧 당신의 곤경이다. 당신은 변화로부터 자유로워지고 싶어한다. 고통 없이, 삶과 죽음의 의무로부터 자유롭고 싶어한다. 그러나 변화 자체는 법이며 아무리 허세를 부려도 현실을 바꿀 수 없다.

몸이
없으면

몸이 없으면 아무것도 할 수 없으니 몸을 지탱할 수 있는 최상의 상태가 되도록 항상 주의합시다.

신체 훈련의
문제

어떤 사람도 육체적 훈련의 문제에 있어서 아마추어가 될 권리는 없다. 사람이 자신의 몸이 할 수 있는 아름다움과 힘을 보지 못하고 늙어가는 것은 부끄러운 일이다.

이론으로
가득 찬 가방

당신은 이론을 사랑하는 사람입니다. 그리고 이제 당신은 내가 이론으로 가득 찬 가방이라고 순진하게 상상하고 있으며, 그 가방을 쉽게 꺼낼 수 있어 이전 이론을 무너뜨릴 수 있습니다. 그러나 실제로 이러한 이론 중 어느 것도 나에게서 나온 것이 아님을 알지 못합니다. 그것들은 모두 나와 말씀하시는 분에게서 나온 것입니다. 나는 그것을 다른 사람의 지혜에서 추출하고 공정한 정신으로 받아들일 만큼만 압니다. 이제 나는 아무 말도 하지 않고 우리의 젊은 친구에게서 무언가를 이끌어내려고 노력할 것입니다.

■ 테오도로스

부와
가난

만족은 자연적인 부이고, 사치는 인위적인 가난이다.

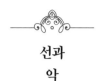

선과
악

유일한 선은 지식이고 유일한 악은 무지이다.

잘
산다는 것

정말 중요한 것은 사는 것이 아니라 잘 사는 것이다. 그리고 잘
산다는 것은 인생에서 더 즐거운 일들과 함께 당신의 원칙에 따
라 사는 것을 의미한다.

진정한
풍요로움

가장 적은 것에 만족하는 사람이 가장 부유하다. 왜냐하면, 만족은 자연의 풍요로움이기 때문이다.

자기
자신의 몫

만일 우리의 모든 불행이 모두가 동등한 몫을 차지해야 하는 공동의 무더기 속에 놓여 있다면, 대부분의 사람들은 자기 몫을 챙기고 떠나는 데 만족할 것이다.

수치스러운
일

신체적인 힘과 아름다움을 최대로 발전시켜 어떤 인간이 될지 보기 전에 순전한 부주의로 늙어가는 것은 수치스러운 일이다.

부와
미덕의 저울

사람들은 점점 더 부유해지거나 부자가 될 생각을 하면 할수록
덕은 생각하지 않는다. 부와 미덕이 저울에 함께 놓이면, 다른
사람이 무너질 때 항상 다른 사람은 상승하기 때문이다.

내 방식대로
말하고

나는 당신의 방식대로 말하고 사는 것보다 내 방식대로 말하고
죽는 것이 낫다고 생각한다.

머릿속에
있어야 할 모습

인생에서 우리를 가장 힘들게 하는 것은 우리 머릿속에 있어야
할 모습에 대한 그림입니다.

지혜와 통찰력을
얻으려면

숨쉬고 싶은 만큼 지혜와 통찰력을 원할 때 비로소 그것을 얻게
된다.

장수의
비결

인생의 전반부를 단축시키는 습관을 들이지 않는다면 사람은 두
배나 더 오래 살 수 있다.

초역 소크라테스의 말

스스로에게 질문하여 깨닫는 지혜의 방법

초판 인쇄 2022년 07월 20일
초판 발행 2022년 08월 01일

지은이   이채윤
기획   엔터스코리아 (책쓰기 브랜딩스쿨)
펴낸곳   읽고싶은책 (제2020-000044호)
펴낸이   오세웅
편집   권윤주
디자인   권희정
캘리그래피 명혁자

주소   서울시 관악구 신림로340 르네상스복합쇼핑몰 7층 707-4호
이메일   modubig@naver.com
홈페이지   https://modubig.modoo.at/

책값은 뒤표지에 표기되어 있습니다.
ISBN 979-11-978569-0-7 03190